云南史话

地方系列

云南省社会科学界联合会 组编

巍山史话

巍山县社会科学界联合会　编著

云南出版集团
云南人民出版社

园。这里是植物王国、动物王国、有色金属王国。这里气候温和、四季犹春，在中国是绝无仅有的宜居宝地。

这里历史悠久。元谋人从170万年前的远古走来。战国中晚期庄蹻入滇，第一次把楚文化与滇文化连接起来。秦开五尺道、汉习楼船，云南正式纳入祖国版图。唐宋时期，南诏、大理国文化唱响西南。元初正式建立行省。明清时期，云南经济社会得到长足发展。20世纪初，云南各族人民打响了护国战争第一枪，开始埋葬封建帝制。在抗日战争中，几十万云南各族儿女征战沙场，扬我国威！西南联合大学谱写了世界教育史上的奇迹。

在这片红土地上，传承着红色文化基因。走出了王复生、王德三等早期马克思主义播火者，走出了无产阶级军事家罗炳辉，《中华人民共和国国歌》的作曲者聂耳，马克思主义大众化的中国第一人、我们党思想理论战线忠诚的战士和学者艾思奇。20世纪30年代，毛泽东率领中国工农红军长征过云南，播下了革命火种。40年代后期，中国共产党领导下的滇桂黔边纵队与中国人民解放军，在极端艰难困苦的条件下英勇作战，迎来了新中国的诞生！

这一切，催生了一系列独具特色的历史文化：有史前文化、古滇文化、哀牢文化、爨文化、南诏文化、移民文化、护国文化、抗战文化、西南联大文化、红色文化。

这里是民族文化的富聚区，民族文化多样性的活态博物馆。26个民族中16个独有民族，15个民族跨境而居。民族文化丰富多彩、博大精深、底蕴深厚、特色鲜明。如彝族的毕摩文化、藏传南传佛教文化、傣族的贝叶文化、纳西族的东巴文化、哈尼族的梯田文化，等等，还有各种各具特色的丧葬、婚姻、服饰、建筑、节日、歌舞、生态等文化形态。此外还有各民族长期以来相互交融、相互学习、共同发展而产生的综合性文化，如茶文化、医药文化、烟草文化、驿道文化、青铜文化、石刻文化等，异彩纷呈，不胜枚举。

云南各民族优秀文化是中华文化的重要组成部分，是中华文化的瑰宝，是中华民族文化大花园中的奇葩！在长期的历史发展中，在红土高原上，形成独具特色的历史文化、地域文化、民族文化，其突出特点是多样形态、多元一体、和谐共生。各种文化，相互交融。佛教文化、基督教文化和伊斯兰文化并存（即使在同一宗教内，不同派别也和睦相处，如同为佛教，藏传佛教、南传上座部佛教和汉传佛教，亲密无间）、儒释道文化并存、原生态文化与现代文化并存、多民族文化并存。

在经济全球化、文化经济化、经济文化一体化的今天，文化既是社会生活方式，更是一种社会生产力，是各民族共同的精神家园。

“观乎天文，以察时变；观乎人文，以化成天下”（《易经－贲卦》）。习近平总书记指出：“要始终坚持道路自信、理论自信、制度自信，最根本的还有一个文化自信。”党的十九大报告提出：“要坚定文化自信，推动社会主义文化繁荣兴盛。”“没有高度的文化自信，没有文化的繁荣兴盛，就没有中华民族伟大复兴。要坚持中国特色社会主义文化发展道路，激发全民族文化创新创造能力，建设社会主义文化强国。”这是党中央赋予我们这一代哲学社会科学工作者的历史使命！承担起新时代这一历史使命，必须在新的实践基础上，用中国特色社会主义文化引领，推动文化的创新发展。必须深入挖掘传统文化资源，从中吸取历史智慧，引导云南各族人民树立正确的历史观、民族观、国家观、文化观，推动文化创造性转化。还必须为各族人民提供丰富的精神食粮，不断满足人民过上美好文化生活的新期待。

古人云：“虑不远不足以图大功，功不大不足以传永世”。云南省社科联为贯彻落实党的十九大精神，为传承、弘扬云南优秀传统文化，坚定各族干部群众文化自信，决定组织全省有关专家学者编辑出版“云南史话”系列丛书，分别为地方系列、民族系列、特色县市系列、民族文化艺术系列、重大历史事件系列五部分，每套丛书出版20种，共计100种。这是一项规模宏大的系统工程，计划用五年时间完成。通过本套丛书，我们将深入挖掘云南文化宝贵资源，认真梳理云南文化发展脉络，总结云南文化发展的特点及其规律，以期为增强文化自觉，坚定文化自信，牢记习近平总书记对云南人民的嘱托，闯出一条跨越式发展的路子，为努力成为民族团结示范区、生态文明建设排头兵、面向南亚东南亚辐射中心，谱写好中国梦的云南新篇章而奋斗！

是为序。

云南省社科联党组书记、主席　张瑞才

2017年10月

目　录

一、历史沿革

（一）历史起源

巍山的历史可以追溯到遥远的新石器时代。巍山境内的新石器时代文化遗址发现较多且分布十分广泛。在庙街镇新庄村、县城东南灵应山、县城西南莲花山、县城南洗澡塘、永建镇萝卜地等地出土了大量的夹沙陶器、石器。从这些出土文物可判定巍山属于洱海区域新石器文化范畴，当时生活在这里的先民从事原始的农业，同时从事捕鱼及

马鞍山出土战国中期
人物形杖头首

纺织，其生产技术十分原始。春秋战国时期，巍山属滇国地。20 世纪 70 年代，在庙街镇发掘出了战国石棺墓；2005 年在马鞍山乡母古鲁村发现战国中期青铜器，有兵器、乐器和精美的人物形杖头首。这些文物证明 4000 多年前，巍山就有少数民族先民繁衍生息，并步入较先进的文明阶段。

（二）城市建制沿革

巍山最早的城市建制始于汉。西汉元封二年（公元前 109）设邪龙县，隶属益州郡。东汉明帝永平十二年（69），在滇西置永昌郡（今保山），巍山沿袭邪龙县，改属永昌郡。蜀汉建兴三年（225），诸葛亮南征平定云南后，在滇西洱河周围增设云南郡（治所在云南驿），巍山仍设邪龙县，改属云南郡，直至魏、晋南北朝（265—589）不变。隋文帝开皇十七年（597），遣太平公史万岁自蜻蛉川（今永仁、大姚）渡西洱河，平西南夷，在巍山仍设邪龙县，属隋。

唐初，六诏兴起，巍山为蒙舍诏，是南诏国的发祥地。在南诏国 250 年的历史中，在巍山建都的时间，从细奴逻到四代王皮逻阁，历时 89 年（唐贞观二十三年至开元二十六年，即 649—

738），占整个王朝历史的三分之一以上，先建都蒙舍城，后又筑蛈岈图城。南诏王皮逻阁统一六诏后，唐开元二十六年（738），从蒙舍川迁都到太和城（今大理市太和村），南诏国共传王位十三代，与唐朝相始终。后晋天福元年（936），段思平讨伐杨干真，建立大理国，蒙沿唐制，属大理国。大理国中期将蒙舍川改设开南县，后期改设蒙舍镇，统领原南诏开南节度地（今临沧市和普洱市的部分地区）。

南宋宝祐元年（1253），蒙哥汉命其弟忽必烈率兵攻陷大理，巍山归附忽必烈；蒙古元宪宗七年（1257），巍山设蒙舍千户所，隶大理上万户府；至元十一年（1274），立蒙化府；至元十四年（1278），升蒙化府为路；至元二十年（1283），降蒙化路为州，隶大理路。明洪武十五年（1382），沿袭元制为蒙化州，封彝族先民左禾为土州判官（后为土知府）。明正统年间，左禾的儿子左伽袭土知州职，率部参加明军“三征麓川”之役，战功卓著，于正统十三年（1448），升蒙化州为蒙化府，编户三十五里，以土司左伽为“土知府”，加设流官通判。

清顺治十六年（1659），清将铎尼平定云南，袭明制仍设为蒙化府。康熙五年（1666），裁蒙化卫千总。康熙六年（1667），裁蒙化卫制，并归蒙化府。清雍正七年（1729），把原属楚雄府的定边县（今南涧）划归蒙化府，在南涧设置南涧巡检司，隶蒙化府。乾隆三十五年（1770），改蒙化府为直隶厅。乾隆年间，蒙化以尚文敦礼、人才辈出而被清廷御封为“文献名邦”。清咸丰六年（1856年），杜文秀率领回、汉、彝各族人民，自蒙化（今巍山）小围埂起兵，攻占大理，建立了起义政权，蒙化属起义政权管辖；清同治十二年（1873）起义失败后，重归清廷管辖。

南诏疆域图

民国时期，巍山县仍然是云南

省大县之一，且一直是管辖滇西一带的政治中心之一。民国三十一年（1942）10月，在蒙化县设立云南省第五区行政督察专员公署，治所驻县城东北隅文华书院（原文华中学），辖蒙化、顺宁（今凤庆）、昌宁、缅宁（今临沧）、景东、云县、镇康、双江等8县和耿马设治局。专署主管辖县、局内的役政、粮食、民政、田赋、财政、建设、教育、司法、警政、交通、社会、合作等工作，并考察各县、局长，定期向省政府和省主席报告工作和反映情况。民国三十七年(1948)12月，第五区专员公署和大理合并成立云南省第十一区行政督察专员公署，治所随之移驻大理，直至12月9日，云南宣布和平起义后撤销。

新中国成立后，1950年1月10日，蒙化县人民政府成立。1950年3月，中共滇西地委为了加强对滇西各县的领导，在此设置“中共蒙化地区工作委员会”和“滇西人民行政专员分署蒙化办事处”。1954年6月，报中央内务部批准，蒙化县改为巍山县。1956年11月，撤销巍山县，县境中部和南部成立巍山彝族自治县，北部成立永建回族自治县；1958年10月，巍山、永建两县合并为巍山彝族回族自治县；1961 年 9 月，划出县境南片成立南涧县。

巍山县辖南诏、庙街、大仓、永建 4 镇和巍宝山、紫金、马鞍山、五印、牛街、青华 6 乡，83 个村（居）民委员会，有 822 个村民小组 1153 个自然村。

（三）地理环境

巍山彝族回族自治县位于云南省西部，大理白族自治州南部，地处东经 99° 55′ —100° 25′ 、北纬 24° 56′ —25° 32′ 之间。县境东与弥渡县毗邻，西与漾濞彝族自治县和保山地区昌宁县、临沧地区凤庆县隔漾濞江相望，南与南涧彝族自治县接壤，北与大理市相连。

巍山的山脉属云岭横断山脉的南延部分，地处哀牢山和无量山北段地区，和大理点苍山遥遥相望。巍山境内河谷、盆地、山地相间分布，地势由西北向东南倾斜和降低，西部为高山峡谷，东部为高山，中间为巍山盆地，最高海拔 3037 米，最低海拔 1146 米，县城海拔 1725 米。巍山的山脉以西河为界，分为东部山脉、西部山脉，东山山峰 28 座，西山山峰 77 座。东山山势俊秀，有巍宝山、打雀山、龙山、文华山、玄珠山、灵应山等名山。西山山脉自北端者么山向南延伸，到达子山与南涧县相连，最高峰是北部的紫金山，海拔 2963 米。西山纵横交错，有紫金山、小鸡足山、五印山、笔架山等名山。

巍山气候属北亚热带高原季风气候。全县除少部分高山冷凉地区及河谷低热地区外，大部分都是冬无严寒，夏无酷暑，四季如春，越冬条件较好。全年平均气温 15.6℃，年较差 13.8℃，历年极端最低气温不低于 –5 ℃，极端最高气温 34.8℃（1958）。全年日照总时数平均 2320 小时，太阳辐射总量 5892 兆焦耳，年平均降雨量 800 毫米，风向多为西南风，最大风速每秒 20 米。由于海拔的高低和地形地貌的不同，境内盆地、山地、河谷的气候又各有差异。

红河源九曲十八弯

巍山水系属红河和澜沧江两大水系，以

境内西部山脉为分水岭，山脉以西的漾濞江流域属澜沧江水系，山脉以东的西河流域属红河水系。境内主要河流有西河、漾濞江和乐秋河。西河又称阳瓜江，位于巍山盆地西侧，发源于永建镇米鹿么村，云南唯一一条国际性河流红河即发源于此。红河源头流经县境约69千米，河宽20—100米。境内东山、西山汇入西河较大的河流有40条，这些河流多为季节河，冬春水少或断流，夏秋暴涨，水量丰富，是巍山坝区农业灌溉的主要水源。漾濞江为澜沧江的主要支流，流经县境西部的江段称为黑惠江，是巍山与西面邻县的天然界河，境内全长约119千米，江宽50—100米，年出入水量6亿多立方米。巍山地下水较为丰富，据调查资料显示，全县较大的地表水有204股，分布在大仓、庙街、巍宝山、马鞍山、青华、牛街、五印等乡镇。地表水中有牛街阿许地、巍宝山洗澡塘、小桥河等温泉7处，多数为碳酸盐温泉。

（四）自然资源

巍山县森林覆盖率为66.2%，野生动植物资源丰富。境内有70多种野生哺乳动物，其中名贵动物有鹿、熊、狐狸、刺猬、穿山甲等；野生禽类有100多种，其中较为珍贵的有绿孔雀、锦鸡、画眉、绿鸠等。有300多种野生植物，植物除大量的云南松、华山松、高山栲，及大片针叶林、阔叶林、混合林外，尚有部分原始森林和唐代高山栲及明清古松、古柏、古山茶、古红椿、古楠木等古树名木；花卉品种有上百种，尤以兰花和菊花类驰名。中药材和菌类较多，有数百种。名贵药材有茯苓、天麻、巍参、细红花等；名贵菌类有松茸、鸡枞、香菇、木耳等。矿产资源丰富，经地矿部门探明的矿类资源有金、铁、锑、铜、铝、银、汞、锡、铅锌矿等金属矿藏和煤、碳酸钠、盐等十几种矿产，其中锑储量为9万个金属吨，金的储量为11个金属吨。巍山土地肥沃，物产资源丰富，具有发展农、林、牧等产业的优势，盛产水稻、小麦、苞谷、蚕豆等，经济作物主要有烤烟、油菜、药材、茶叶等，是滇西现代农业示范县，云南省油菜基地县，云南省牛羊基地县。

二、史海钩沉

（一）重要人物

1. 细奴逻　蒙舍诏建立者

细奴逻（617—674），南诏第一代王。其父舍龙，原居住于哀牢（今云南省保山市），为躲避仇家，后迁居到蒙舍川。唐初，在云南洱海地区出现了六个比较大的部落联盟，史称六诏，它们分别是蒙舍诏（今云南巍山南部、南涧大部及弥渡西部）、蒙嶲诏（今云南巍山北部、漾濞大部）、越析诏（今云南宾川）、邓赕诏（今云南洱源邓川镇）、施浪诏（今云南洱源邓川

巍宝山土主庙细奴逻像

镇青索，又说在洱源三营）、浪穹诏（今云南洱源）。在地理位置上，蒙舍诏在其他五诏的南面，故史称南诏。南诏王族蒙氏乌蛮，为彝族先民。南诏第一代王蒙细奴逻和其父蒙舍龙就耕牧于今云南省巍山巍宝山北麓前新村，并从这里崛起。史载，唐贞观初年，洱海地区的白蛮、乌蛮各部落为了统领权长期争斗。后来，白子国主张乐进求和平解决了争斗。相传，白蛮部落有一根铁质神柱，为诸葛亮平定南中时候所立，由于年代已久远，铁柱已锈蚀不堪。于是张乐进求决定重新铸造铁柱，并举行盛大的祭祀仪式。邀请了洱海地区各部族首领共祭，细奴逻也受到了邀请。在祭祀中，一只五色鸟先落在了铁柱上，又落在细奴逻的肩上，张乐进求和其他首领认为是祥兆，乃天意，于是将其女嫁给细奴逻，并"举国逊之"。唐贞观二十三年（649），细奴逻成为蒙舍诏诏主，改国号为大蒙国。细奴逻制定了独奉唐朝为正朔的正确政治路线，加强与唐朝的联系。唐永徽四年（653），唐王朝敕封细奴逻为巍州刺史。经细奴逻、逻盛、盛逻皮至皮逻阁四代诏主，南诏在蒙舍川经营发展了90余年，为蒙氏统一六诏、开疆拓土的伟业奠定了坚实的基础。674 年，细奴逻病死。细奴逻死后谥号为奇嘉王，尊称高祖。

细奴逻死后，其孙盛逻皮为其在巍宝山上建土主庙并塑像进行祭祀，祭祖活动一直延续到今天。

2. 皮逻阁　统一云南的南诏王

皮逻阁，盛逻皮之子，生于唐神功元年（697），唐开元十六年（728）即位，被唐玄宗李隆基敕封为云南王，唐天宝七年（748）卒，在位 20 年，享年 51 岁。

皮逻阁是南诏历史上最重要的一位国王。皮逻阁即位时，南诏经济、军事的发展达到了相当高的水平，已经超过同在洱海地区的其他五诏。

皮逻阁是一位具有雄才大略、远见卓识的诏王。他依附于唐朝，“当是时，五诏微，归义独强，乃厚以利啖剑南节度使王昱，求合六诏为一，制可。”兼并了洱海周边五诏，收复了洱海周围的河蛮，于唐开元二十六年（738）统一了洱海地区。唐王朝因皮逻阁“破河蛮有功”册封他为云南王，赐名归义。第二年，皮逻阁把都城从蒙舍川迁到太和城。皮逻阁以宽阔、富饶的洱海盆地为基地，积极发展，使南诏迅速称雄于中国西南地区。

之后，皮逻阁利用爨氏与唐朝之间的矛盾及内乱，带兵进入东爨、西爨（东爨在今昭通、泸西、寻甸、嵩明、建水及贵州一带，其中心在昭通；西爨在今滇池周围的曲靖、昆明、马龙、晋宁及澄江、安宁、禄丰一带，其中心在晋宁）地区，征服滇池周围的广大部族，基本控制了爨地。

唐天宝四年（745），皮逻阁派其子阁逻凤率团入唐朝贡，进一步与唐朝修好。

南诏的统一，结束了洱海地区各个部族之间长期的对立纷争，促进了社会安定，促进了生产力的发展。南诏的统一促进了社会进步，促进了多民族团结融合，同时也促进了文化发展。

3. 阁逻凤　立《南诏德化碑》

阁逻凤，皮逻阁之子，生于唐先天元年（712年），唐天宝七年（748）即位，袭封云南王，唐大历十三年（779）卒，在位30年，享年66岁，谥号神武王。

阁逻凤具有杰出的政治、军事才能，青年时代就随其父皮逻阁参加了统一六诏的战争。他任用从川南俘回、精通儒学的汉人郑回教授王族子弟汉文化，并赐名郑回为蛮利，后郑回官至南诏清平官。

南诏的发展壮大与唐王朝的昏庸腐败，导致了唐与南诏的矛盾激化。唐王朝不断出兵进攻南诏，阁逻凤被迫与唐军作战。

750年，阁逻凤路过姚州，云南太守张虔陀侮辱同行的妇女，勒索贿赂，阁逻凤不应，张虔陀派人去辱骂，并向朝廷诬告阁逻凤。阁逻凤愤怒，起兵攻破姚州，杀张虔陀，并取羁縻州。史载“鲜于仲通为剑南节度使，张虔陀为云南太守。仲通褊急寡谋，虔陀矫诈，待之不以礼。旧事，南诏常与其妻子谒见都督，虔陀皆私之。有所征求，阁逻凤多不应，虔陀遣人骂辱之，仍密奏其罪。阁逻凤愤怨，因发兵反攻，围虔陀，杀之。”

751年，鲜于仲通率兵八万出戎、嶲州，往击南诏，阁逻凤遣使谢罪请和，请还其所掳掠，表示愿意归附于唐朝，若不允许则“归命吐蕃，云南之地，非唐所有也”。鲜于仲通不许，进军至西洱河，兵临南诏都城太和城，被南诏击败，唐兵死六万人。吐蕃得到这个盟国，自然很满意，752年，册封阁逻凤为“赞普钟（意为小赞普）

南国大诏”，“赐为兄弟之国”。阁逻凤自立国号为大蒙。

754 年，唐玄宗命侍御史剑南留后李宓率军计 20 万人再伐南诏。此次征发的唐军士卒，大多为强征入伍，被强拉南下作战，哭声震天，杜甫有见于此，写下了千古名篇《兵车行》。李宓率领军抵达洱海之滨后，从洱海东岸、龙尾关、龙首关三个方向同时进攻南诏太和城。阁逻凤派遣大将王乐宽统领精锐水军，突袭并大败唐军水师，并凭借坚固的城防以及苍山洱海的天然屏障，实施坚壁清野的战术。唐军多为北方人，不服水土，加上瘟疫和瘴气，军心涣散。后吐蕃军队驰援南诏，占领邓川。李宓军在龙首关陷入吐蕃军的包围，关内南诏军转为反攻。两军合击之下，唐军崩溃，全军覆没，李宓投西洱河自尽。最后，20 万唐军仅有七骑逃回长安，第二次天宝战争结束。

次年，安禄山反叛，唐无力再进攻南诏，南诏还有意归唐。阁逻凤深知依附吐蕃害多利少，两国关系不能持久，在太和城中立南诏德化碑，表示叛唐出于不得已并愿归唐之意。阁逻凤下诏说：“天子致讨，战士何辜？生虽祸之始，死乃怨之终，岂顾前非而忘大礼？”下令在苍山修建将军庙，塑李宓像以示哀悼。又派人清扫战场，挖了两处大坑，将数十万唐军将士尸骨埋入坑内，以国殇视之，称大理唐天宝战士冢。

唐贞元十年（794），南诏与唐会盟点苍山。盟辞互约：唐与南诏各守疆界，不相侵犯，保持和好。南诏决不阴结吐蕃，与唐为敌。

4. 左禾　蒙化首任土司

左禾是蒙化第一位被明朝廷受封的土司。

明洪武十四年（1381），朱元璋任命傅友德为征南将军，蓝玉为左副将军，沐英为右副将军，率步骑三十万远征云南。明军由辰州（今湖南沅陵）、沅州（今湖南芷江），直趋贵州，进攻普定、普安（今贵州盘县）。于十二月中旬连克普安、普定及其附属地区。大败元司徒平章达里麻部10万众，攻占云南东部门户曲靖，扼住云南咽喉，梁王闻败自杀。后又分兵为二，一部由蓝玉、沐英率领，直趋昆明；一部由傅友德亲率再克贵州安顺后北向乌撒（今贵州威宁）。蓝玉、沐英率兵不战而控昆明，元右丞观甫保出降。后攻克大理，段氏就擒。当时，左禾任蒙化天摩牙一带的九部火头。火头为当时蒙化乌蛮内部的首领的称呼，集宗教、军事和政治权力于一身，负责处理本部落或本民族的内外事务。明洪武十五年（1382），明朝军队抵大理后，左禾率所部主动归顺明军，并帮助明军讨平了滇西地区负隅顽抗的元军残余，其九部火头的职务得到保留。第二年，左禾因召集散于各地的流民归顺明军有功，被明朝廷授任蒙化州判官。不久，左禾奉诏觐见，太祖朱元璋封其为从仕郎名号。

明初，朝廷经常征调各地土司军队对各种反抗力量进行镇压，以稳固边疆，加强统治。蒙化几任土司都出征打仗，立过战功并受过朝廷的诰封嘉奖。蒙化左土司每次出征皆自备军粮，自带兵器。出征范围为全省各地，远到四川、广西、贵州和缅甸。巍山民间就流传着左禾受朝廷调遣平定缅兵，机智地用放羊用的钩镰砍下象鼻子，击退了缅兵进犯后受朝廷诰封的故事。明洪武二十三年（1390）十二月，左禾奉调协助明朝平定了元朝时期统治过蒙化的白蛮首领高天惠的叛乱。明永乐三年（1405），左禾因战功和忠诚钦升为蒙化州知州，并准许后代承袭。左禾在生前和逝世后，先后被明王朝授予过“奉训大夫”和“中宪大夫”等封号。据说，从前蒙化城北门外小河桥前有一座“迎恩坊”，就是当年左禾为迎接皇帝恩赐的物品所建。

5. 左伽　两次朝觐受赐的二世土司

左伽于明永乐十三年（1415）承袭蒙化州知州。明正统六年（1441），因战功升任临安府（今建水）同知，后升大理府知府。以上两次升迁，左伽都未到任，仍然在蒙化州掌州事。明正统十三年（1448年）六月，明朝廷将蒙化州升格为府，编户35里，左伽升任知府，官至从三品。据清代《禹江公墓志》记载“再传至伽，伽统州事，以军功改府。”

史载左伽自小习武，武功超群。明永乐、正统年间，左伽曾数次被朝廷征调，每次征战都立下过卓著战功。明正统六年（1441）协助明军平定麓川（今德宏州大盈江、瑞丽江、萨尔温江和伊洛瓦底江上游地区，大致为今德宏、临沧、西双版纳一带）思氏土司叛乱的“三征麓川”的过程中，他亲率一千多名蒙化子弟勇猛作战，屡屡挫败叛军，收复了大侯、猛痛、镇康等地，以其骁勇善战和指挥有方备受明军总兵官蒋贵等人的赏识。刘文征所著的《天启兵志》中说:“永乐中,左伽,以兵于麓川战于大侯,功第一,累升中宪大夫,临安府知府,掌州事。正统中,晋州为府,遂真授知府。”明朝正德年间的《云南志》中也说左伽“永乐间袭父职,从征大侯、麓川等处,屡立功,又捐己资助军饷,升临安府同知,寻升大理府知府,仍掌蒙化州事。正统间升州为府,遂以伽为知府”。

左伽治理蒙化府期间,其管辖的区域较为广阔,巍山民间的说法是“三十六条箐,七十二条沟”和“三川”“两江”。“三川”指北川、云川、白川,两江指上江(漾濞江)和下江(澜沧江),这个区域大致包括今天巍山、南涧县全境,漾濞县的大部和弥度县的部分区域。其四至大约为东至滥泥哨五十里赵州界(今大理凤仪镇),南至澜沧江一百六十里云州界(今云县),西至杉松哨一百四十里顺宁府(今昌宁县),北至三台岭一百里。其辖区已远远超过今天巍山彝族回族自治县的辖区范围。

左伽任职期间,于明洪熙元年(1425)四月和明宣德七年(1432)八月两次晋京向仁宗和宣宗皇帝献马匹和其他物产，宣宗皇帝钦赐左伽“世守土府”金字大匾一块，此匾曾数年悬挂在土司府大门之上。巍山土司府，民间称之为左衙。左衙由左禾初建，后经左伽扩建完善。左衙占地约70多亩，建筑规模宏大，设施齐全。房屋雕梁画栋，出阁架斗，犬牙交错，艺术精湛。衙门内分设大堂、二堂、三堂、主楼和关圣殿五个大院。大堂、二堂为土知府的办公场地，三堂为花厅，内建池塘、凉亭，四周遍植花木，厅内陈设有各种书籍，墙上以诗词、楹联、名家书画作装饰。主楼为土知府和家属的住所。关圣殿是左家开展道、佛活动的地方。大堂的门额上高悬着十四世土知府书写的“荣保堂”大匾一块。花厅的门头上挂着十一世土知府左世瑞书写的“花园交辉”木匾一块，笔力遒劲。左衙大门坐北朝南，门前建有一座高丈余的石牌坊，牌坊前后各安置有四对石狮子，其中两对高五尺余，一对高七尺余，一对高九尺。四对石狮高低有致，虎视眈眈，威风异常，象征着左土司的显赫权势和至尊地位。牌坊的石柱上镌刻着“亘古亘今门第，全忠全孝人家”对联一副，这是明朝皇帝赐给参加“三征麓川”有功的左伽的对联。同治十一年（1872）五月，清军与驻蒙化城的杜文秀军激战，左衙被战火焚毁。据说，左衙被烧时大火延烧了三天三夜，到民国初年还遗留有建筑遗迹和石狮等物。20世纪80年代初，在史料所载的明代土司府大门位置上出土了一尊高七尺的石狮，记载了巍山一段值得回味的历史。

左伽是左土官家族发展史上举足轻重的人物，其任期内左土司家族的声望和势力达到极盛。

6. 左正　土流合治的六世土司

左正，又名祯，字元吉，又字三鹤、龙图。其父左铭病故时，左正还不满十五岁，不符合袭职的规定。左氏土司一直实行嫡长子传袭制度，无嫡子时由庶子承袭，兄无子可由弟或伯叔承袭。左正于明弘治十三年（1500）七月在府护印听袭，至弘治十六年（1503）三月初一日才奉旨承袭知府职。嘉靖十六年（1537）年老多病让位，由子左文臣袭职，于嘉靖二十五年（1556）三月十九日病故。

左正文武双全，又有治理地方的才能，其在职时政绩显著。他从护印到退位，在职37年，多次带兵外出征战，《蒙化左土司记事抄本》中记载他外出征战有十次之多，屡立战功，受到云南三司的褒奖。他还善于安抚和治理地方，在职期间“清丈田亩，新增田地一顷六十九亩六分五厘，新增正耗税粮共一石一斗三升一合九勺”，增加了地方收入。他奉云南巡抚命到大侯召集流民500余户复业，不动官钱，所用去赈济稻谷一百石和衣服等物资，均由己出。

明王朝对土司辖区的统治，意在“以其故俗治”，但实际上并不完全放手，因而制定了系列针对土司的法规、律令，要他们务必遵行。一是对土官承袭有严格规定。土官承袭必奉“赴阙受职”，“务要验封司委官体勘，别无争袭之人，明白取其宗支图本，并官吏人等结状，呈部具奏，照例承袭”；二是对土官反叛、拘衅之犯罪，都要从重治罪“或诛，或降职使用”；三是土司无俸禄，朝廷赐予土地，使人佣耕，但规定“不得典卖”，如有私自典卖，即受法律处罚；四是奉旨征调土兵不如期而至者，朝贡不按期、按质、按数者等等，都将受到朝廷的追究并处罚。在朝廷统治力量需要强化的时候，对实行土官统治的地区就开始推行改土归流。改土归流，就是裁革土官，改设流官，由中央朝廷直接任命官员到地方任职，权力归中央。从明朝中期开始，封建王朝开始对云南的土司制度进行改土归流，先后裁革了一批土官，如武定凤氏土官，丽江木氏土官，鹤庆高氏土官等。巍山左土司因多次参与明军出征平定叛乱有功，且在改土归流中顺应潮流，受到了明王朝的保护。明正德年间，左正就主动把蒙化府大印交给流官掌管，协助流官治理好地方。明王朝对蒙化府改土归流的政策是保留左土司袭替制度，增设流官，实行土流合治。

左正学识渊博，史志中说他“能文翰，工诗画，有魏晋风；好善高洁，礼士崇儒。”他与被流放的四川新都状元杨慎、大理文人李元阳、本府文人朱光霁等相交甚厚。左正与杨慎几度交往，相互敬慕。其字龙图，就是杨慎取其先祖在岷屿图山筑城而改。左正的诗对仗工整，意蕴深远，留存至今的有《春日》《题三鹤洞》《送李别驾归蜀》《对雨抒怀》等。

题三鹤洞（二首）

一

寻得幽居对翠屏，洞门云锁不须扃。

苔生石缝成龟封，乳滴松根作鹤形。
月冷露珠点《周易》，风摇竹叶扫《黄庭》。
仙禽到此醒尘梦，更与孤山一样青。

二

皋壁云横一洞天，乾坤开辟不知年。
人间人语风中叶，石上雷鸣崖底泉。
明月来时疑白鹿，野松深处有青田。
寻幽此地堪巢鹤，天与村夫养浩然。

春　日

台榭高低春几枝，上林莺语正当时。
江头秋草无收管，惟有青山作故知。

对雨书怀

淅沥空淋雨，萧条野寺风。
感时思故道，偃仰类鬼童。
涧草含新绿，岩花落旧红。
身闲读《易》罢，心与白云同。

嘉靖年间，左正曾重修文庙、学宫，振兴蒙化的文化教育事业。左正去世后，明朝廷追谥为中宪大夫。

7. 雷应龙　明朝真御史

雷应龙（1484 ~ 1527），字孟升，号觉轩，明代蒙化府人。幼年丧父，由母亲和家兄雷应阳抚养成人，自幼知艰识苦，奋发读书。明弘治十七年（1504），考取举人。正德九年（1514），赴京考取进士，初任福建莆田县令，廉洁有为，执法严明，兴利除弊，治理莆田有方。嘉靖元年（1521），升任浙江道监察御史。他离莆田县时，莆田的人民群众排着长队和他挥泪相别，并立《雷侯去思碑》表彰他的政绩，称他“诚为民父母”。不久又改任广东道监察御史，“首疏法尧舜，以隆治化”（《孟升雷公墓表》）。随后又升任北京都察院御史，上任就“巡视光禄寺，则疏省无益，以昭圣德；巡视中城，则疏厚民俗，以重根本；祛弊政，以舒民困；察奸欺，以隆君道”（《蒙化志稿》），深得嘉靖皇帝的赏识和重用。雷应龙立志改革，去除弊政，严惩贪官污吏，常受奸臣的排挤和嫉恨。嘉靖五年（1526年），雷应龙任两淮御史，当地的贪官污吏和盐商都慑于他执法如山的威信，纷纷收敛。《明史》称他所到之处“清积弊，豪强敛迹”。

明世宗嘉靖皇帝朱厚熜后期沉迷于长生不老之术，不理朝政，宦官专权，争权夺利，朝政日趋污败不堪，皇亲国戚和贵族、地主趁机兼并土地，盘削农民，加上连年不断的水旱灾害，民不聊生。雷应龙不甘朝政日趋腐败，不畏强暴，严惩了一批贪官污吏。为振纪纲，他向嘉靖皇帝上书八条奏疏，即“务实学，亲大臣，放宫人，去无益，正礼乐，改编发，肴罪谪，均赋役”，嘉靖帝采纳了他的意见，但朝政大权仍操在奸臣的手中。嘉靖六年（1527），雷应龙到扬州巡视，朝中有一位宦官趁他不在之机，假借朝廷的名义到民间搜括财物，雷应龙得知后批示要严惩此人，因奸臣专权，反纵容此人。雷应龙得知后，积愤成疾，病故于扬州官署中，年仅44岁，发回蒙化府，葬于蒙化东山鸡鸣山中。听到他去世的消息，凡知道雷应龙为人的忠臣、文人学士、乡贤和老百姓无不恸哭哀悼。明史部郎中张志淳称其有明一代“可谓真御史”（《南国漫录》），《明史》有其传。

8. 陈佐才　明末清初名士

在巍山县盟石河边的半山中，横卧着一块巨石，东西长约10余米，南北宽约8米，高约2米。在巨石顶的前方开凿着一口石棺材，大小与一般的木棺材相似，上覆石棺盖。巨石前立着两块墓碑，一是清乾隆四十四年（1779）乡进士李士扬题书的《明义士翼叔陈老先生墓志》，一是民国二十五年蒙化赵叔良等士绅为陈佐才立的题为《明忠义陈翼叔仙师墓志》。在巨石的左后右三侧石壁上镌满了赞诗和文章。在巨石两侧各立石笔一支，上刻蒙化文人饶着的石棺联，上联是“指地誓黄泉，溪流犹带南迁恨”；下联是“凿棺盟白石，墓木曾无北向枝”：石棺右有一石亭，亭柱也有刻联一对，上联是“其生明臣其死明鬼”；下联是“不葬清土不戴清天”，这就是明末清初蒙化府爱国义士和诗人陈佐才的衣冠冢。

陈佐才石棺

陈佐才（1627—1697），字翼叔，号睡隐子。少年时倜傥不羁，不慕功名。成人后，正值吴三桂勾结清军入关，目睹清军的进犯和明王朝的分崩离析，于是从军抗清，在明将沐天波下任把总武职，和李定国农民起义军一道，扶持永历皇帝，转战于云南边境。明永历十三年（1659），他奉命到四川催晌，归来后清军已占领了云南，永历皇帝逃往缅甸，他追至缅甸边界寻找永历帝未果，于是回蒙化府隐居。是时滇版图已入清三载，社会上已唯清礼不行，但他却“巍巍仍汉官威仪，出入里阁，意气坦如”，不入清俗，对清朝统治不屑一顾。他在盟石山中建是何庵，隐居其中，以写诗自娱度世，发泄对清朝的不满。他出入山中，身骑一驴，头戴一斗笠，喝的是雨水，以示脚不踏清朝地，头不顶清朝天，不喝清朝的水，和清朝誓不两立。和担当等名僧结为知交，与徐宏泰、张以恒等文人相唱和，诗文往来。著有《宁瘦居》《是何庵》《天叫集》等诗6卷，共800多首，这些诗真实地反映了当时的社会状况和人民生活。晚年，他凿石为棺，表示死不入清朝土，并自作挽诗：“明末孤臣，死不改节，埋在石中，日炼精魄，雨泣风号，常为吊客。”自名石棺诗，镌刻于石棺之上。他死后，远近文人观瞻石棺，镌诗石上，其夫人安氏把这些诗收集起来，编为《石棺集》。其后人和当地士绅建墓门，立石碑，将其事迹立于碑上，以纪念他的高风亮节和为人的品质，在墓碑旁建了石亭，供游人观赏和憩息。

9. 张端亮　诗书画三绝文人

张端亮，字寅揆，号退庵，云南蒙化（今巍山县）人，康熙八年（1669）二十一岁中举，雍正二年年逾古稀时出任山东潍县知县。

康熙十二年，盘踞在云南的藩王吴三桂叛清，自称“天下都招讨兵马大元帅”，后又自立国号为周。吴三桂曾强迫张端亮为其做官。最初，张端亮随父亲张锦蕴隐居不出，吴三桂再三追逼，张端亮乃入空门，到水目山（在祥云县境）当了和尚，八年不履城市，一心攻读儒学，写诗撰文。康熙二十年，清军平定了吴三桂叛乱，滇事太平，清廷请他出山做官，他接受了朝廷的任命，欣然去僧还儒，先后出任浪穹（今洱源）县教谕、

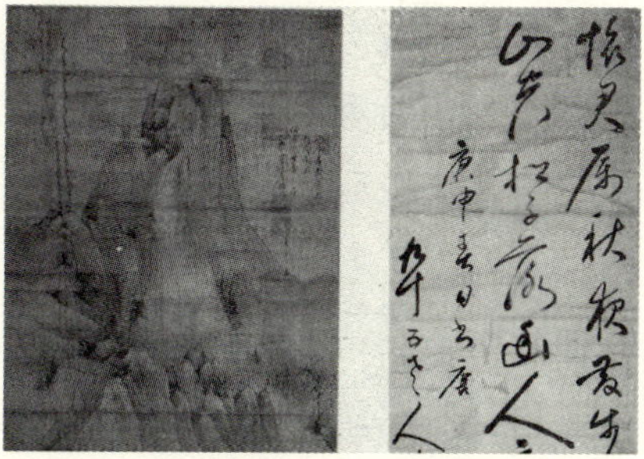

张端亮山水图及书法

石屏州学正、临安（今建水）、顺宁（今凤庆）府教授，乐育英才，诲人不倦。康熙五十三年，张端亮被清廷升调山东任潍县县令。在山东任职6年，秉公执法，礼贤纳士，爱民理政，倍受潍县人民的尊敬和爱戴。他一生喜好诗、书、画，为潍县名山胜水留下了众多的珍贵墨宝。张端亮的下任为郑板桥，对其在潍县的政绩和留下的诗、书、画都赞叹不已，对他的人品十分尊重。

张端亮一生学习勤奋，才高学富，精通古文辞和儒学，尤工诗、书、画，被誉为“滇南三绝文人”，晚年尤喜写松鹤，称为得神，民里乡间爱若至宝。他一生写过300多首诗，保存下来的有《抚松吟集》，共收入他的诗136首，已被《云南丛书》收藏。清代著名的贵州文人宋安全称他的诗是“庄而雅，秀而逸，工丽而淡远皆得”。清代《蒙化志稿》评价他的文学天赋是“迄西风雅之彦，以端亮为首”。赵藩也非常推崇张端亮，对他的为人和诗、书、画评价甚高，认为张是清代云南最有名望的三绝文人。赵藩《仿元遗山论诗绝句论滇诗六十首》一书中就有一首绝句专门评价张端亮的诗作，这诗赞道：“三绝名齐郑广文，贞操我道郑输君。三层阁上松风曲，不要筝笆俗耳闻”。张端亮书法宗晋唐，富有气韵。雍正二年，张端亮再次出任潍县知县时，曾为潍县玉清宫书写了“大明通殿”四字。张端亮画山水，宗吴门（苏州）画派，其水墨山水，笔墨清新神俊，高雅极致，作品被后人誉为神品。在花鸟画中，善画松鹤图，虽着墨不多，但神态生动。民国《潍县志》称：“张端亮在任二年，修己爱民，虚橐以归”。在潍时，“他重修望海楼（潍县城北门），邑人至今称之”。张端亮于九十五岁时辞世，留有诗集《抚松吟》，今仅摘其“乡愁”一诗：

乡思浓于酒，倾来讵易乾。
坐驰千里短，愁结一宵难。
晚叶吟风细，秋砧捣夜寒。
不知天上月，今夜为谁圆。

10. 杜文秀　清代抗清起义领袖

杜文秀（1823—1872），字云焕，号百香，回族。清咸丰、同治年间云南回民起义领袖。道光三年（1823），出生于云南永昌府保山县一个杨姓回族商人家庭，取名杨秀。10 岁后过继给姨妈为嗣，改姓杜，更名为杜文秀。他自幼勤奋好学，13 岁即通晓儒家典籍，14 岁考中秀才，16 岁补廪膳生员。道光二十五年（1845）四月，保山汉族地主团练“香把会”勾结官府屠杀回民，制造了“保山惨案”。杜文秀以代表身份赴京上控，未获公正处理。咸丰六年（1856），官府支持临安（今建水）汉绅霸占回民银矿，屠杀回民。云南巡抚亦密令各地“聚团杀回”，杜文秀等人遂于蒙化小围埂誓师起兵，旋即攻下大理府。各地回、汉、彝、哈尼、白、傣、纳西等各族人民纷纷响应，烽烟遍及云南。同年 10 月，他被推举为“总统兵马大元帅”，建立起大理革命政权。提出“联回汉为一体，竖立义旗，驱除鞑虏，恢复中华，剪除贪污，出民水火”“救民除暴”“革命满清”等响亮口号，开始了长达 10 余年的反抗清王朝的革命斗争。杜文秀的义军军纪严明，所到之处，公平交

杜文秀大理政权时期的印章
“南军后参军篆”

易，农工商各安其业，人心悦服。他响应太平天国的号召，实行轻赋税、重生产的政策，促进了生产的发展和社会的安定。在起义军内部，注意民族团结，大量启用各民族人才，力量不断发展壮大。全盛时期，杜文秀政权占领云南 53 个县，多次击败清军的大规模进攻。同治六年（1867）十月，组织 20 万大军进攻昆明，攻占楚雄等数十城。后因太平天国失败，清军调集优势兵力并采取政治分化等手段，致使东征失利。

同治十一年（1872），清军围攻大理，11 月大理被攻陷，为免遭屠城，服毒后被解送清营，英勇就义。

杜文秀是一位深明大义的杰出农民起义领袖。他不仅在政治、军事方面表现出了卓越的才能，而且在民族与宗教问题上，表现出前无古人的宽阔胸怀。直到今天，他仍为云南回、汉、白各族人民所敬仰和怀念，人们称之为“杜大元帅”。著名历史学家白寿彝先生曾这样评价：“杜文秀的反清实践，可以说，体现了一项英明的行动纲领，这就是以回汉联合为基础的各族人民的联合反清。……杜文秀的这一纲领在中国农民运动史和中国民族关系史上，都是空前的壮举”。

11. 崔文藻　民主革命先驱

崔文藻（1881—1918），字戟勋，号采芹，别号铁峰道人，清代蒙化直隶厅马房厂村人，民国早期民主革命先驱。崔文藻的祖父崔瑜是位德高望重的乡村秀才，童年时期就教育他要有“人贵自立，不依赖别人”的志气。在祖父的教育下，崔文藻从读私塾到进入蒙化县城文华书院学习，成绩一直名列前茅。在文华书院读书时，有人将《民报》等进步书刊带入蒙化，崔文藻买来学习，从中接受了民主革命的先进思想。并秘密参加了蒙化的反清活动。1910年孙中山先生领导的武昌起义推翻了清朝统治，全国各地纷纷响应。崔文藻和天津的资产阶级分子组织了“天津同盟会”。1912年，南北议和不成，南京临时政府以武力反清，崔文藻积极策应，并亲自带手枪队和炸弹队去攻打天津都督府和巡警总署，不幸被捕。清军将他“全体衣裤脱去，拷以脚镣，赤身置于冰地，上以手铐，脚踢手打”（《崔文藻革命纪实》）。对他大施淫威，但他临死不屈，斥骂清军说：“士可杀，不可辱，杀则杀之，请勿辱我。”（同上）。

清军大怒，将他打得血肉模糊，先拘留于巡警总局，随后又送往北洋行营监狱中。他在监狱中，仍坚持斗争，并用诗进行战斗，其中有一首七律诗写道：“丈夫何故锁眉头，国耻填胸能勿愁。革命由来天赋职，伤心唯恐世沉浮。文明时代遭缧绁，专制余威压楚囚。若得化龙飞出去，定倾东海向西流。”直到南北实现共和后，宣统皇帝溥仪退位，崔文藻才获释出狱。

1913年7月，孙中山先生发动讨伐袁世凯的“二次革命”，崔文藻积极支持孙中山的革命主张，奔走于北京、天津、广州等地做南北联络工作，贡献极大。1917年，崔文藻任驻粤滇军第三军军长张开儒的少将秘书。他和张开儒积极支持孙中山先生的资产阶级民主革命。同年，军政府在广州成立，孙中山当选为军政府大元帅，任命崔文藻为陆军部次长、总务厅长、兼交通部次长，并主办军政府《珠江日报》。崔文藻在广州积极组建军政府的军队，协助孙中山开展护法运动，受到了云南军阀唐继尧、广西军阀陆荣廷的嫉恨，他们互相勾结，于1915年2月公开反对共和，对支持孙中山的革命人士进行绑架迫害。5月12日，唐、陆在广州囚禁了支持孙中山的滇军将领、军政府陆军部总长张开儒。同日中午，崔文藻在广州西壕酒店设宴欢迎新到广州的国民党谭人凤、徐绍祯等人，陆荣廷指使广惠镇守使莫荣新于席间抓走了崔文藻，下午即将崔文藻枪决。崔文藻被害时，年仅37岁。崔文藻临死时，坚贞不屈，痛骂莫荣新手段卑鄙，并英勇就义。崔文藻牺牲后，由同乡罗星垣向财政部长廖仲恺支银，将崔文藻的尸体安埋在广州。

12. 朱希仲　一代名医

朱希仲（1897—1969），名泗由，蒙化朱氏中医第三代传人。1985年，云南省卫生厅中医处在二号文件里将其列为参加卫生部遴选的具有学术思想的人选之一，编入《全国名中医谱》。

朱希仲幼年丧父，家境清贫，靠母亲纺织为生，抚养成人。当时巍山地处偏僻，经济落后，缺医少药，民多疾苦，他立志继承家学，从医救治百姓。民国三十一年，“朱希仲诊所”正式开业行医，恰逢县境内发生了霍乱，逐日蔓延，他亲自配制大锅药散发给群众，并免费为患者治疗，救活了大批病人，从此医名大振。县文化名人饶着等特赠送“善希仲景”的一块匾额，以赞扬他的医术和医德。

朱希仲自小经历贫苦生活，养成了清贫节俭的习惯，富有同情之心，对家境贫困的病人不收诊疗费，还给予资助，对一些困难人家拖欠一年医账的，也不作追收，到了年终除夕夜，便将账簿焚于庭内，以示明志。每年除夕烧欠账本已经成了朱家的一个惯例，故家乡父老称他为“活菩萨”。

朱希仲身为一代名医，不但业精学富，而且还兼具德厚仁慈之心。新中国成立，他热爱共产党，以赤诚之心拯救人民于病痛之中。他虽然享受高级知识分子的待遇，却常常节衣缩食，粗茶淡饭，穿粗布蓝衫，把节约下来的工资暗中接济贫苦的农民、市民。年岁已高时仍扶杖出诊，急病人所急，工作尽心敬业，对待病人态度和蔼。“文革”初期，他被列入编外人员，领百分之六十的工资，仍坚持上班不懈，毫无怨言。当时，他已是古稀老人，他说：“上班看病是为救病人，不为区区数十元薪金，有吃穿即可，何必多求”。朱希仲于 1969 年与世长辞，前来吊唁的群众近千人，群众自作挽联：“行医术精益求精，对人民极端热诚”，充分表达了群众对他医术医德的高度赞扬。

13. 段纬　滇缅公路设计者

段纬（1889—1956），字黼堂，云南省蒙化县人，白族，原籍大理马久邑，其父辈因制鞋始居蒙化县城。云南航空事业的重要开拓者，云南籍的第一个飞行员和飞行教师，云南籍的第一代高级土木工程师，因其土木方面的造诣被称为“滇籍土木工程第一人”。

清光绪三十四年（1908），段纬入昆明方言学堂，主攻英语、法语。民国元年（1912），以优异的学习成绩考取出国留学生，派往德国留学。民国五年（1916），派往美国普渡大学学习土木工程，毕业后在美国公路、铁路等部门实习。民国十年（1921），入美国麻省理工学院学习飞机制造，之后转赴法国里昂大学进修，获土木工程硕士学位。民国十二年（1923），赴德国学飞机驾驶技术，两年后毕业于老特飞行学校。

段纬在国外深造近10年，民国十四年（1925）学成归国返滇，受聘云南东陆大学（云南大学前身）土木工程系教授。民国十五年（1926）任云南航空大队副大队长，继任大队长兼云南航空学校校长，为云南的航空事业培养出了第一批人才。民国十八年—二十三年（1929—1934），任职“滇东公路处”，主持修筑了我省连通内地的第一条省际公路——滇黔公路滇段。这条公路广受好评，被国民政府行政院派出“京滇公路周览团”赞为“除湘省外无出其右者”。1938年1月，云南省公路总局在保山县设立“滇缅公路总工程处”抢修滇缅公路，段纬任处长，驻保山主持这项重大工程。段纬和筑路民工及工程技术人员同甘共苦，任劳任怨，用近乎原始的工具材料和施工方法，战胜了横断山脉系中的高山大河，9个月新修通548千米的干道，铺设或改善东段路面400余千米。消息传出，震惊了全世界，被美国总统罗斯福、各国专家和新闻媒体视为世界公路修筑史上的一大奇迹。滇缅公路在抗日战争的关键时刻修通，它与滇黔、川滇东路、滇黔南路等几条公路连接起来，成为当时从国外输送盟国援华物资的唯一出海通道和国际交通线，被誉为抗日战争的“输血线”。

鉴于段纬在主持修筑这条公路中所立下的特殊功勋，国民政府交通部特授予他一枚金质奖章。

1949年12月9日，卢汉宣布云南起义，12月26日，云南临时军政委员会任命段纬为代理铁路局长，主持日常工作。他在全局职工的支持下，积极做好保护路产、文件档案、管理路务、恢复运输、迎接大军等几项工作。1950年3月7日，昆明市军管会接管铁路局，任命段纬继续担任代局长，主持行政工作，他在路局军管小组的领导下，积极协助军代表做好移交、接管工作，并按军代表的指示，做好清资核产、增产节约等几项工作。在此期间，云南军区决定将滇越铁路碧河段的路基先行改建成国防公路，段纬担任了工程委员会委员，该路于1950年11月竣工。1951年1月，段纬奉调到云南省人民政府担任参事室参事。

段纬把毕生的精力都贡献给云南省的交通事业，可谓鞠躬尽瘁，死而后已。为了记载他的功绩，《云南省志·人物志》《云南省志·交通志》《云南公路史·人物传略》《成都铁路局志·人物》等史志都为他立传，记述了他的业绩和贡献。

14. 马如骥　东莲花大马锅头

马如骥（1897—1983），巍山县永建镇东莲

东莲花大马锅头马如骥

花村人，少年随父经营马帮，经过20多年的发展成为享誉四方的大马锅头。民国年间，以马如骥为首的7支马帮共有350多匹马匹，来往于省内外及泰缅，多运输糖、茶、丝麻等互通物品。1941年，马氏兄弟的马帮生意达到鼎盛，特别以马如骥最为有名，他的马帮有100多匹马。马如骥为人厚道，熟悉贸易经商。他广接全省商、政、军要人，与白崇禧、龙云、杨盛奇等有密切的交往；政界上他曾经担任蒙化县参议员、民国末期担任永济乡乡长，马帮生意兴隆红火，规模一度扩大。同时为蒙化县的马帮在茶马古道上，经商贸易疏通了各道关卡，为当时滇西地区物资转运集散地做出了积极的贡献。

民国三十年（1941）马如骥在村里开始建盖马家大院，历时3年方全部竣工。工程一完工，就因其建筑风格、雕刻工艺和宏大的建筑气势轰动蒙化全县。新中国成立后，马家大院长期被政府机关、学校等作为公益事业使用，至今保存也最为完整。

马如骥心系民众。民国期间，匪患猖獗，身为永济乡民事调解委员会主席、永济乡乡长的马如骥，把防盗、防匪，作为村中一件大事，组织乡勇，派专人夜间守卡巡查，相互联络，严防匪患。马如骥热心公益、乐善好施。县内发生灾情，他都能即时慷慨解囊，在巍山供辰楼翻修期间，马如骥捐赠巨款，完成古楼修建；当时的红河源头米汤河经常泛滥成灾，由马如骥率人在东莲花村上游米汤河修筑长 300 多米的河堤。从此，下游的村民再也没有受到洪水的冲袭，现在依旧发挥着作用。当时东莲花村旱涝严重，群众只能靠天吃饭，马如骥为了解决这一难题带领大家捐资出力修建东莲花大塘，至今这项水利工程仍造福一方。马如骥关心教育，1924 年底他在东莲花村创办德兴学校，1943 年他积极支持在晏旗厂创办兴建中学（巍山二中前身），每年都为学校的经费筹措积极努力，深受群众褒扬。

抗日战争爆发后，各民族纷纷起来抗日，全国各地穆斯林也成立回教救国会，马如骥任回教救国会蒙化分会会长，在他的带领下大家积极奔走在抗日前沿支援抗日。1938 年，腾冲、龙陵失守，保山多次被敌机轰炸，滇缅公路被炸中断，前方战事吃紧，后方抗战物资运送困难，马氏三兄弟为首的七支回族大马帮积极参加到运送战略物资的行列中。满载抗战物资的马帮冒着炮火，不断往返于滇缅公路上，直到抗日战争全面胜利。新中国成立后在外经商的马如骥在缅甸定居下来，后转居泰国，1983 年马如骥在泰国清迈府芳县万养村去世。

15. 徐克家　巍山革命先驱

徐克家，男，1905 年生于蒙化县城，是蒙化县最早加入中国共产党的优秀党员，曾任中共广东省潮梅特委秘书长，1928 年 7 月 18 日，在广东省汕头市被国民党反动派杀害，时年仅 23 岁。

1910 年，徐克家同伯母及徐克峻、徐克娴两个姐姐到伯父任职处的四川省成都等地读书，1916 年回到蒙化县城。此时正值国内外发生重大变革，徐克家从小就受其伯父爱国、进步思想的熏陶。1918 年，徐克家在舅舅的帮助下，离开蒙化，进入昆明甲种工业学校读书。1919 年，“五四”

运动的革命风暴震动了云南，昆明工业学校受五四运动影响最深，徐克家是学校学生会的主席，他带领同学积极响应和参加五四运动的各种活动。

经过五四运动的洗礼，徐克家对革命的认识大大提高了。五四运动后，徐克家经常把许多进步书刊，寄给在蒙化女子师范讲习所读书的徐克峻、徐克娴两个姐姐，这些书刊中所宣传的进步思想在家乡传播开了。徐克峻、徐克娴提出要出门读书，追求进步的要求，得到父亲徐成泰的支持。1921年冬，徐克家回到蒙化接两个姐姐到昆明女子师范读书，这在当时的蒙化是破天荒的事件，受到了封建势力的反对和嘲侮，甚至贴出“白头贴”进行诽谤。但在徐克家的带领下，他的两个姐姐和蒙化的一些进步青年受到启发和鼓舞，纷纷离开家乡，奔赴外地，追求进步，投身革命事业。他们中的大多数人都先后加入了中国共产党，为人民的解放事业做出了卓越的贡献。

由于徐克家的帮助和影响，他的姐姐、弟弟等6人，先后参加了第一次国内革命战争，土地革命战争，抗日战争和解放战争，是蒙化县有名的革命家庭。

1921 年冬天，徐克家在昆明工业学校毕业，1922 年春又到了北京，同年夏天考入北京工业大学，在校期间积极参加党领导的革命活动，并在家乡传播革命思想。1925 年，徐克家在工业大学学习期间,光荣地加入了中国共产党,并同王复生、王德三共同发起组织“云南革新社”（后改为新滇社），是该社的领导骨干之一。“云南革新社”总社设在北京，在上海、南京、广州、武汉、天津、唐山、日本的东京等地的云南籍学生中成立了 7 个分社（也称支部）。1926 年 3 月，为适应革命形势发展的需要，“云南革新社”改名为“新滇社”。“新滇社”在云南旅外学生和云南人民中开展革命活动，它在宣传革命思想，团结组织云南旅外青年投身革命，推动云南革命斗争的发展以及培养干部等方面，都起到促进的作用，对云南早期党组织的建立和发展，做出过重要的贡献。“新滇社”的许多领导骨干和成员，为民族的解放献出了自己宝贵的生命。

1926 年夏天，在全国逐步形成的革命高潮中，“新滇社”的主要骨干由党派往各地工作。徐克家被派往广州参加北伐战争，南下后，在广州大沙头参加了由广东区委组织领导，王德三同志主持的政训班，为北伐军和云南地下党培训干部。1927 年从香港回广州参加同年 12 月 11 日的广州起义，起义失败后，徐克家留在广东组织革命武装。

1928 年 2 月间，中共广东省委潮梅特委机关遭破坏，省委派沈青同志任潮梅特委书记，庞子谦同志任共青团巡视员，徐克家同志任潮梅特委秘书长，到汕头重建潮梅特委。不久，汕头市委，潮梅特委遭破坏，徐克家被国民党逮捕。为此，当时的一些反动报纸还发布了特大号新闻，如香港的《循环日报》在第一版用特大号字作标题，发布“共匪潮汕暴动总指挥徐克家被擒”的消息。徐克家同志面对死亡，视死如归，表现了他崇高品质和大无畏的革命英雄气概。

16. 徐克峻　巍山县第一个加入共产党的女性

徐克峻（1901—1968）原名徐克静，女，今巍山县南诏镇人。其父亲徐咸泰于 1910 年毕业于北京京师大学堂（北京大学前身），后被派往四川咨议局工作，历任四川省崇宁县知事、云南省镇雄县县长、国会议员、黎元洪总统府顾问等职务，曾参加过护路运动、护国运动以及孙中山领导的

“非常国会”。在父亲的影响下，在弟弟徐克家的带动下，徐克峻和徐克姐妹先后加入中国共产党，走上了革命的道路，成为云南妇女运动的领导者。

1917 年，徐克峻进入蒙化县的女子师范讲习所读书，成绩优异。1919 年，徐克峻、徐克姐妹在弟弟徐克家的影响下，开始阅读进步书刊。1921 年，徐克峻、徐克姐妹满怀激情地冲破封建家庭的藩篱，来到了昆明，考入了云南省立女子师范学校第七班。在 1925 年上海“五卅惨案”发生后，徐克峻、徐克姐妹积极地投身到声援“五卅惨案”受害同胞的运动之中。1925 年冬天，从云南省立女子师范学校毕业后，徐克峻到昆明市立小学担任教员。

在云南地下党组织的安排下，徐克峻于 1926 年夏天经越南，转香港，来到广州，进入由毛泽东、澎湃主持的农民运动讲习所特别开办的“云南特训班”学习，同时还进入何香凝举办的“妇女运动讲习所”学习，随后加入了中国共产党，成为巍山县第一个参加革命和加入中国共产党的女性。学习结束后，徐克峻被党派往武汉国民党（左派）妇女部工作。1927 年底至 1934 年春，徐克峻先后在上海、北京、东北等地担任党机关的秘书，其间，徐克峻与林仲丹都曾被捕入狱，经党组织营救而出狱。1934 年春，在党的指派下，徐克峻带着女儿来到苏联后，受到时任中共总书记的王明和中国共产党驻第三国际代表团成员康生“左倾”路线的迫害，被停止党籍，被迫接受“劳动改造”。新中国成立后，徐克峻得以回到祖国，党籍得以恢复。1952 年后，徐克峻回到昆明，在云南省妇联工作。

17. 徐克　云南妇女运动的先驱

徐克（1904—1987）原名徐克娴，又名徐克贤，女，今巍山县南诏镇人，云南妇女运动的先驱，无产阶级革命知识分子。

徐克 1922 年考取昆明女子师范学校，在读书期间，积极参加民主革命运动。1927 年 3 月加入中国共产党，积极投入“云南妇女协会”“中小学教师联合会”等革命组织的组织和宣传工作。1928 年，按党的指示，赴镇沅、蒙化等地开展革命活动。12 月，和艾志诚等中共党员在蒙化县成立中共蒙化特别支部，组织领导蒙化人民开展反帝反封建斗争。

1931年徐克因叛徒出卖被捕，经组织多方营救出狱。后赴北平就读于北平大学文理学院，并参加“左联”的革命活动。1935年，留学日本东京法政大学。1937年抗日战争爆发，徐克毅然回国，奔赴延安在新华通讯社工作。1938年，受党的派遣到抗日前线大别山国民党五路军171师政治部、卫立煌司令部政治部任上尉科员、少校日文翻译，兼阵中战报编辑，做抗日统战工作。1940年11月，跟随刘少奇到苏北，任淮海军区专员公署文教科长。1943年回延安，先后在中央党校、中央妇委会等单位任文化教员和宣传报道组组长。1949年初，为解放大西南，他和爱人刘林元随西南服务团回云南工作。从1950年起，历任云南省总工会宣传部长、秘书长、昆明市委组织部副

革命先驱徐克

部长、昆明市第一女中校长、昆明师范学院副院长等职。在“文化大革命”中遭受政治迫害。粉碎“四人帮”后，先后任云南省人民政府参事室副主任、第四届云南省政协委员、省政协文史资料委员会委员兼文史组组长。

18. 艾志诚

艾志诚（1907—1976）字其国，曾化名江萍，巍山县南诏镇人，日本大学经济科毕业。1926年在南京加入中国共产党，次年，由党中央派往日本参加组建党组织工作，并负责新滇社在海外的社务领导工作，同时组织社会科学研究，研究马克思列宁主义，组织反日大同盟进行反日救国工作。1928年初，被日本政府遣送回国，后在上海担任反日大同盟的党支书记和反帝党团书记。后经党中央同意，随中共云南省委书记王德三、团省委书记李国柱回云南搞地下工作，被派往个旧建党，领导个旧锡矿工人运动。

1928年12月回蒙化，和徐克、束克壮、范少文等建立中共蒙化特别支部，艾志诚任特支书记。1930年11月，因叛徒出卖，云南的党组织遭受破坏，艾志诚和组织失去联系，后到汉口、香港等地经商，做民主救国工作。新中国成立后，历任中华人民共和国轻工业部处长、副司长、化学工业部医药局副局长、化学工业出版社副社长、医药司副司长，中国医药工业公司副经理等领导职务。1976年在北京去世。

19. 佘世光

佘世光（1924—2005）安徽省铜陵县人。优秀共产党员，优秀的青年工作者和新闻工作者，原共青团中央宣传领导小组副组长、中国青年报社社长、党组书记，第六届全国政协委员。

1945年5月在西南联大读书期间参加了中国民主青年同盟，投身于民主进步运动。1945年8月，受中共云南省工委西南联大党支部的派遣，到蒙化中学任教，担任教导主任，积极发动学生开展反帝反封建活动。

1946年12月加入中国共产党。1949年北京和平解放后，参加了共青团北京市委的组建工作。1953年3月调共青团中央工作，1956年任中国青年报副总编辑。1978年10月调任中国青年报社社长兼总编辑。1985年2月，佘世光同志改任共青团中央宣传领导小组副组长，并先后担任全国青年报刊协会会长、名誉会长。

20. 张　瑄

张瑄（1923—1964），男，汉族，蒙化（今巍山）县城南街人，是20世纪40年代后期（解放战争时期）蒙化地下党的领导人，曾任中共蒙化小组组长、中共蒙化特别支部书记、中共蒙化县委书记，新中国成立后曾任蒙化县人民政府县长。

张瑄于1942年秋考入云南大学学习，1943年加入中国共产党的外围组织“新民主主义青年联盟”（民青）。1945年7月回乡任蒙化中学校长，同年8月邀请“民青”成员陈明远、何东昌（20世纪80年代曾任国家教育部长）等到蒙化中学，以教师身份为掩护开辟革命据点，开展革命活动。张瑄以校长的合法身份，秘密组织了马列主义读书会，宣传马列主义和革命真理，传播革命火种。1946年9月，经人介绍加入中国共产党。1948年11月任蒙化共产党和“民青”混合小组组长，积极做好国民党、三青团内进步人士和县长何少诚的统战工作。并利用担任县建设委员会财会组长、教育局督学、县农会常务理事等职务为掩护，秘密开展地下革命工作，并以蒙化中学为据点，恢复和扩大马列主义读书会，培训革命骨干。1949年1月，张瑄任中共蒙化县特别支部书记，在城乡中小学校建立革命据点，发展“农抗会”“民青”和党组织，开展反蒋（介石）、反霸、反“三征”革命活动。张瑄还对张灼生部、李厚基部两支地方武装积极进行了争取改造工作，争取他们投向共产党领导的革命。1949年8月，张瑄任中共蒙化县委书记，9月任中共大理中心县委委员，组建长山游击队和无量武工队，开展革命武装斗争。

1950年1月，张瑄任蒙化县人民政府县长，革故鼎新，政绩卓著。后来，张瑄先后任大理专员公署民政科长、中共大理地委委员、云南省公路工程第一分指挥部政治部主任兼副指挥、云南省公路工程学校校长等职。

21. 陈赓雅　新中国报业先导

陈赓雅（1905—1995）巍山县南诏镇人。1927年4月，22岁的陈赓雅由家乡赴昆明求学，由吴澄、徐克介绍加入中国共产党。1929年，陈赓雅在家乡蒙化中学任教，此时，正逢天旱米价昂贵，灾民要求政府开仓平价售粮。把持“常平仓”

的豪绅将仓谷瓜分私卖，陈赓雅很义愤，便鼓励支持城市贫民陈在齐等集合20余人，到“常平仓”要求追回贪污款，开仓售粮，救济灾民。云南当局以陈赓雅“闹事”为由，发布通缉令。陈赓雅因此逃离云南，远赴上海考入沪江大学新闻系就读，毕业后因成绩优异被介绍到《申报》当记者，并编入中共地下组织文化界的一个小组。《申报》是近代中国影响深远的报纸，创刊于清光绪年间，1912年被爱国报业家史量才购买。“九一八”后，《申报》积极反映民众抗日救亡要求，并出《自由谈》副刊，发表进步言论，常刊载鲁迅（用何家干等笔名）、茅盾、陈望道、章乃器的文章。上海沦陷后，陈赓雅还曾到香港筹办《申报》。此间，他还作为第一批国统区记者深入中国西北采访。他在《申报》上发表的30万言《西北视察记》，与天津《大公报》范长江的《中国的西北角》，成为当时轰动一时的新闻，被誉为“南陈北范”。“国民政府”迁都重庆后，因在新闻界的声望，陈赓雅被推举为国民党国民参政会的参政员。1944年，他与傅斯年等参政员，一起发起揭露孔祥熙勾结国库局局长吕咸贪污鲸吞美金公债案，轰动海内外，使蒋介石很狼狈，令陈布雷登门拜访陈赓雅“进行劝阻”，最后不得不免除孔的职务，由宋子文出任行政院长。建国前夕，陈赓雅返回云南，到滇南参加中共游击武装斗争，曾担任云南人民自卫军第二纵队司令部秘书长、滇桂黔边区纵队二支队参谋长等职。1950年初，昆明市接收了原民营报《正义报》，委派陈赓雅任社长兼总编。1955年，《正义报》停刊后，陈赓雅被调到市文教局任科级主任秘书，“反右”时被当作党的“异己分子”清除，“文革”中被遣送昭通边远山区。

改革开放后，年迈的陈赓雅先在昆明市政协担任秘书长，1985年，任昆明市政府参事室党支部书记。陈赓雅一生写作了上百万字的文稿，撰写和写作有《长江黄河水灾视察记》《赣皖湘鄂视察记》《刍献集》和《南巡佳话》等各种史志资料和文艺作品。

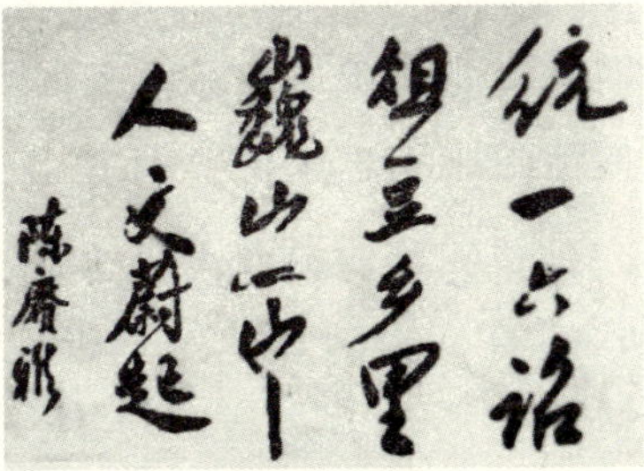

陈庚雅墨迹

22. 马云从　伊斯兰文化传承人

马云从（1921—2012），回族，原籍玉溪县，大理州巍山县永建镇小围埂村人，伊斯兰文化传承人。

马云从自幼跟随父亲学习中文、阿文和波斯文，并先后就读于昆明明德中学、沙甸扬正学校。1941年，其父马瑞图受聘到巍山小围埂清真寺任教长，带家人到小围埂落了籍。1947年，马云从在小围埂清真寺毕业，此后一直从事伊斯兰教传统文化传承工作。

马云从编译了《清真玉柱》《杂学》《四篇要道》《阿语语法拾贝》等著作。他深入研究伊斯兰教论，对教义、教规有独到见解；在教学中提倡中、阿双语并重，锐意于经堂教育改革，使学生“经书两全”；倡导爱国爱教并身体力行，带头示范；对陈规陋习引导改良，主张婚丧嫁娶从俭；倡导废除回族地区放鞭炮习俗。

马云从曾先后担任过巍山县政协副主席、云南省伊协副会长、县伊协副主任、大理州政协副主席、云南省伊协副会长、大理州和巍山县伊斯兰教协会名誉会长等职务，连续当选第六届和第七届全国人大代表，是巍山县迄今为止唯一出席过全国人民代表大会的代表；1984年随国家朝觐团赴麦加朝觐；2005年，马云从被大理白族自治州人民政府公布为第一批州级非物质文化遗产项目代表性传承人（民族民间风俗礼仪——回族风俗礼仪）；2008年，获得“大理州民间民族文化大师”荣誉称号。

23. 何东昌　原国家教育部长

何东昌（1923—2014），浙江诸暨人。教育部原党组书记、部长，原国家教育委员会党组书记、副主任。中共第十二届、十三届中央委员，第三届、五届全国人大代表，政协第八届全国委员会常务委员，1978年党的十一届三中全会当选中纪委委员。

1941年，何东昌考入西南联大电机系，后转入航空系学习，1944年在西南联合大学参加发起组织党的秘密外围组织“民主青年同盟”，曾任西南联大民主青年同盟第一支部执行委员，1945年8月，受中共云南省工委西南联大党支部的派遣，到蒙化中学任教务主任，积极发动学生开展反帝反封建活动。

1951年2月，任清华大学党委书记，后主持创建清华大学工程物理系并兼系主任。“文化大革命”中受到迫害。1977年5月后，任清华大学党委副书记、副校长。1982年起任教育部党组副书记、部长、党组书记，国家教委党组书记、副主任，兼任国务院学位委员会主任委员。

（二）重要史事

1. 新石器时期遗址及文物

巍山在旧石器时期就有人类的祖先生活，在新石器时期人类穴居的岩洞中，考古发现堆积的石器和棍棒，证明巍山自古以来就有人类居住。他们穴居在山洞或岩洞之中，主要采摘野果和捕猎动物而生活：在采摘野果和捕猎动物的过程中，他们成群结队并带着坚硬的石片、石块和棍棒作工具，用来采摘树上成熟的野果，追捕狩猎麂子、野牛、野猪、山兔等动物野禽。

近百年来，在巍山坝子四周的山麓台地上及西河两岸发现了粗糙的石器；在鼠街河、歪角河的岩洞中发掘出土过成堆的石器和碳化棍棒。这个时期的石器都是经过打磨的，石器光滑，石质坚硬，造型种类多而且美观，现代人拾取后称之为“雷楔子”，被误认为是天空打雷时从天上所落。20世纪80年代，大理州县两级开展文物普查时，才认识到这些打磨过的石器就是新石器时期古人类的劳动工具和武器。1983年开展文物普查工作以来，巍山已先后发现的新石器时期遗址有巍宝山、洗澡塘、狮子山、象山坡、李青园、新庄村、屏风山、歪角河、鼠街河、大仓东山、城东狗头坡和黄土坡等20多处。先后出土打磨过的石刀、石斧、石铲、石切割器、石锤、石纺轮、石网坠等大批石器。其中在巍宝山后山麓洗澡塘村后的山坡台地上除出土一般的石刀、石斧、石箭镞等石器外，还出土了石纺轮、石网坠等用来制渔网捕捉鱼类的石器。证明在距今五六千年以前的新石器时期，巍山的先民就会捕鱼。1985年3月，在修筑县城至大小寺旅游公路时，在东山象山坡出土了一批石刀、石斧、石锤、石矛等石器，这批石器种类多，地点集中，证明巍山坝子在古代就有人类活动。那个时期的巍山先民不仅会打磨石器，还会制作陶器，这个时期的陶器还很粗糙，没有上釉，类型有罐、盆、皿等，颜色主要为黑陶和灰陶两大类。新中国成立后，在巍山大仓武帝宫后东山山坳中、巍山县城东黄土坡北面山坡上以及县城东山狗头坡等数处，先后出土过大批黑灰陶器，这些黑灰粗陶器经判定为新石器晚期。

在巍山坝子东西山麓的台地上，还发现过居所遗迹，除一些自然的岩洞外，还有用石器和棍棒挖掘的山洞，这些山洞壁上留下了粗糙的石器和棍棒的痕迹，外沿还有棍棒的痕眼。说明古代，巍山古代先民除利用天然的岩洞穴居外，还会挖掘山洞，在外部顶上棍棒，再在上面铺上树枝和山草，成为半穴居的房屋，这就是巍山古代人类的房屋，从残留的这些遗址上，还可想象古代居民的生活。

2. 战国石棺墓

据司马迁《史记·西南夷列传》记载，春秋战国至秦汉时期，“西自同师以东，北至叶榆”的地域范围内，都是“西南夷”中“昆明”族的生活和活动的范围，他们“皆编发，随畜迁徙，毋常处，毋居长，地方可数千里”。“昆明”族即是现今彝族和白族的先民。巍山在两汉时为邪龙县，地处在同师（今保山）和叶榆（今大理）之间，是“昆明”族生活的范围。民国时期和新中国建立后，先后在境域内的马鞍山和坝区西河的西岸山坡上（今贝忙村后）出土过“昆明”族的火葬墓。民国十二年（1923）蒙化县知事丁保琛组织编写上报云南省政府《蒙化县知事区域》地方志资料时，曾组织地志资料编写人员对境内的古墓葬进行调查，发现在县城西北的马鞍山北面、阳瓜江之畔的山坡上，有一座三国时期的古墓。墓塚四面均用砖砌，碑褐已佚，唯古墓的砖土岿然独存，当地彝族群众称之为“孟获坟”，砖墓内仅有骨堆和陪葬的碗碟之类的陶器，经考证，当为“昆明”族的古墓葬，“孟获坟”即是“昆明”族坟的代称。同时，在县城西部的贝忙山坡上也出土过用大石板做棺椁的古墓葬，古墓内埋葬的是火葬的骨头和陶器之类的陪葬物品，也是春秋战国时期“昆明”族的古墓葬。

1983 年 8 月，大理州和巍山县在县内组织文物普查时根据群众的线索，州县文物普查工作队在庙街乡谢旗厂村后的山坡上，即巍山县城西北的山坡上，发掘了一座大石墓。墓在苏家坟地上，墓身全长 2 米，宽 1.1 米，高 1.02 米。墓棺用天然的石灰石砌成。墓内有乱骨两堆，头骨两个，经考古工作队鉴定，古墓为二次拾骨葬的遗存物。后云南省和大理州文物部门的考古专家鉴定这座大石墓是春秋战国时期石棺墓。春秋战国时期巍山的先民应是“昆明”族，根据《史记》和《后汉书》等史籍的记载，这个时期生活在保山至大理之间的古代人，都是“昆明”族，他们主要以游牧业为生，死后都实行火葬，将火焚后的骨头拾捡在一块，用天然的石头或石板为棺椁进行埋葬，因此他们的坟墓称为“石棺墓”。

3. 博南古道要冲

秦始皇建立秦朝统一中国后，为了加强对“西南夷”的经营，在云南扩展其统治势力，曾于秦王政元年（公元前 246 年）和二十六年（公元前 221 年）先后派蜀郡守李冰和常頞修筑僰道，此道从今四川宜宾经昭通达曲靖，再达滇池地区。因僰道是在山崖上开凿出来的，道宽仅五尺，史称“五尺道”，将云南“西南夷”各部落和内地的政治、经济和文化联系起来。西汉武帝时，又开通了以四川成都往西经今双流、新津、邛崃到雅安，向南经汉源，过越嶲到达西昌，再往南经会理进入云南的青岭（今大姚），然后西行，经弄栋（今姚安）、祥云到达巍山，由巍山再西行，经永昌（今保山）而出缅甸达印度的古道，这条古道史称“南方第二条丝绸之路”，简称“南方丝路”。汉武帝派遣司马相如略定“西南夷”走的就是这条古道。当时司马相如完成使命后报告汉武帝：“略定西夷、邛筰、冉駹、叶榆之后，皆请为内臣，除边关，关益斥，西至沫若水（今大渡河和雅砻江），南至牂牁为檄，通零关道，桥孙水（今安宁河）以通邛都，还报天子”，天子大悦。元狩元年（公元前122年），汉武帝派遣使者四路出求蜀身毒国道（今四川至印度），主要走的就是这条古道。蜀汉时，诸葛亮南征斩雍闿和讨伐高定走的也是这条古道。司马光《资治通鉴》记载：诸葛亮征南中时，“亮由越巂入，斩雍闿及高定元。使庲降督益州李恢由益州入，门下督巴西马忠由牂牁入。”这条古道东又与“五尺道”相连，成为自秦汉以来云南进入内地和通往缅甸、印度最早的古道。据文献记载，秦汉时期关中和今四川之间，四川和云南部分地区、云南西部和缅甸之间，“栈道千里，无所不通”（司马迁《史记·货殖列传》），商人来往于途，络绎不绝。元狩元年（公元前122年），张骞出使西域时，在大夏（今阿富汗）地区亲自看到经过身毒（今印度）运来的“蜀布”“邛竹杖”等中国物资，这些物资就是从四川，经云南滇西出缅甸，西经缅甸达印度运到大夏的。这条古道从四川西昌向西南进入滇西后必经巍山和博南（今永平），所以云南地方史籍又称滇西段为“博南古道”。巍山在西汉时为邪龙县，唐代时为南诏国的发祥地，元明清时为蒙化府，其地域范围包括今天巍山、南涧两县全境和祥云、弥渡、漾濞三县的部分或大部地区，是滇西政治、经济和文化的中心地区之一。“第二条丝绸之路”由成都、西昌、会理进入云南后，再经云南的大姚、祥云、弥渡、巍山、永平、保山等地进入缅甸，再由缅甸到达印度、罗马等国家及欧洲；“五尺道”由四川宜宾进入昆明后，向西经楚雄、祥云、弥渡、也必须经巍山而出国。在滇缅公路未开通之前，从秦汉至清代，往滇西出缅甸走的都是这条古道。这条古道从东线进入巍山主要有两条线路，一条从弥渡蒙化箐经隆庆关进入巍山，有两条古道可达缅甸，一条从境内的开南驿向西行，过永春桥，经西鼠街、牛街，再过漾濞江的犀牛渡口而达凤庆，经保山出缅甸；另一条从境内的开南驿向南行，过封川桥，经庙山、乐秋、公郎，再过澜沧江的神舟渡口而达云县，经临沧出缅甸。另一条经赵州（今凤仪）定西岭进入巍山北部的永建，经古渡庄、巡检、过阳瓜江，经金沙坪、上鼠街，过备溪江（今漾濞江）渡口而达漾濞的瓦厂，经永平，过澜沧江的兰津桥而达保山出缅甸。至今在巍山出境通往缅甸的这三条古道上还保存着多段完整的用石板或石条铺就的路面和多座古桥以及哨所驿站的地名。如隆庆关、沙滩哨、开南驿、古渡庄、马房厂、牛街哨、杉松哨、庙山哨、瓦房哨等驿站古地名和永春桥、封川桥、永济桥等古桥名以及古渡庄、犀牛渡、神舟渡等古渡口名称。

自唐宋以来，曾有袁滋、贾耽、杨慎、徐霞客等使者和名人出使南诏和巍山走的都是这条古道。抗日战争期间，到腾冲、龙陵和缅甸前线抗击日寇的大批部队都是从巍山出入境的。除上述博南古道要冲外，巍山还有东南和北两条古驿道，东南古驿道出县城向东南行，经瓦窑、梯坡寺、金顶庄、南涧、阿克新街、石洞寺、下鼠街去景东。

思茅、车里（西双版纳）而达缅甸、老挝、泰国、越南等国家；北古驿道出县城向北行，经庙街、大仓、巡检、碗城村、瓦房哨，翻过分水岭垭口而到下关，再向北可去丽江、中甸和西藏。

4. 南诏筑巄岈图城及迁都太和城

巄岈图城因巄岈图山而得名，位于巍山古城西北15千米处的巄岈图山之巅，山高出坝子200余米，城址西靠大黑山，东临著名的阳瓜江（红河源），居高临下，其地势十分险要，大有“一夫当关万夫莫开”之势，在此观巍山坝子一览无余。

出土的南诏佛像

景泰《云南图经·蒙化府建置沿革》载：“初蒙氏细奴逻自哀牢徙居今府治之西北巄岈图山，筑城立国，号蒙舍诏，以其在诸部之南故称南诏”。南诏自647年从巍山崛起，经细奴逻、逻盛、盛逻皮、皮逻阁四代“南诏王”的努力，将蒙嶲诏、邓赕诏、施浪诏、浪穹诏、越析诏以及洱海周围的“河蛮”一一击败，于唐开元二十六年（738 年）终于统一了整个洱海区域，并于次年（739 年）将都城由巍山蛲岈图山迁到了大理太和城。

1958 年云南省博物馆考古工作队曾对巄岈图城遗址进行试掘，发现有字瓦、瓦当、滴水、鸱吻、花砖和柱础等。有字瓦上的文字有的与大理太和城出土的有字瓦相同，莲花纹瓦当则与唐都长安城兴庆宫遗址所出相类似。1991—1993 年，巍山县文物管理所、省博物馆先后在城址东南约 500 米处进行两次发掘，发现建筑遗址及塔基，建筑遗址有寺庙、宫室等。其地面均用砖铺垫，规模宏大。寺庙遗址的北、西壁系用石块、砖、瓦片交错砌成，内壁以瓦片之凹面贴壁，西壁前有一用砖砌成的佛龛，摆放石雕造像。建筑遗址有二层地面和二组台阶。砖有长方形、正方形及三角形。三角形砖大小不一，用于砖与砖之间的空隙部分。铺地砖之中筑一直径 0.17 米的圆洞，洞用瓦片围成。塔基平面呈方形，边长 13 米，塔中空，该塔的特点是四面铺地砖，每边各有二个石柱础。遗址中出土陶佛像，陶塔范模和雕刻精美的石雕造像。造像有观音、佛、天王等，多为立像，雕刻手法有圆雕和浮雕。

垅屽图城址始建和废弃时间唐宋史书无记载，但在《南诏图传》上已有“垅屽图山”记载。胡蔚本《南诏野史》载：细奴逻在“高宗永徽元年(650)建都蒙舍川，于垅屽图山筑垅屽图城”，此说之具体年代有待确定，但南诏早期在此建城则毋庸置疑。

垅屽图城是南诏政权最早的城池之一。南诏定都大理太和城后，仍对垅屽图城继续经营，因而留下了这些建筑遗迹。从738年至八世纪末期大约60年时间内，南诏国的势力范围由原来小小的洱海区域扩大至北达川西的大渡河南岸，东至黔西，南临越南、泰国北部，在历史上首次统一云南，为之后建立云南作为行政区划省的地域奠定了坚实基础。

2006年5月，巍山南诏垅屽图城遗址被国务院公布为全国重点文物保护单位。

5. 南诏奉圣乐赴长安演奏

南诏时期的乐舞造诣技术极高，在史籍记载南诏奉献给唐王朝的音乐中，有“奉圣乐”“骠国乐”“龟兹乐”“盖罗缝”“赞普子”“菩萨蛮”

等名目。其中“骠国乐”是南诏吸收了邻国骠国今缅甸国乐经加工后而献给唐王朝的；“龟兹乐”是唐开元年间玄宗皇帝赐赠给南诏而保存下来的，其中融进了南诏的民族器乐和歌舞；“奉圣乐”是南诏自己民族的歌舞精品，于唐贞元十六年（790）由南诏王异牟寻奉献给唐德宗，得到德宗皇帝的赏识，亲自在麟德殿观看南诏的乐队演出“奉圣乐”。《新唐书·礼乐志》记载了南诏异牟寻进献“奉圣乐”和唐德宗在麟德殿观看“奉圣乐”的情况。南诏奉圣乐“其乐分四部六成，皆一章三叠，舞南字，歌圣王无为化舞诏字，歌南诏朝天乐；舞奉字，歌海宇修文化；舞圣字，歌雨露宜无外；舞乐字，歌天子亿万年。其乐工、睬服、干羽、器数、声韵，悉照歌词字样，曲折周详，颇费匠心”

巍山洞经古乐演奏

（康熙《蒙化府志》转载《云南通志》）。

6. 明初筑蒙化城

明洪武十五年（1382），蒙化彝族天摩牙九部火头（元末明初土司地区的基层官名）左禾积极归附，参与明军征讨大理段氏总管驻蒙化的高天惠部有功，次年被任命为蒙化州判官。明永乐三年（1405），升左禾为蒙化州知州，并准子孙世袭。是年，蒙化土官左禾在今巍山县城北门外蒙化州土城的基础上扩建蒙化州城，建土官衙门，范围包括今巍山县城拱辰楼以北的水坝街、日昇街以北的地区。明正统十三年（1448），明朝升蒙化州为府，左伽为三品掌印知府，左伽再次扩修蒙化府城和土知府衙门。扩修后的土知府衙门规模宏整，占地 70 多亩，四周筑有土城墙，墙厚 4 尺，中建左府衙门，分设大堂、二堂、三堂、主楼、关圣殿等 5 个大院。《蒙化志稿公署志》载："其在城外西北隅者土知府署也，旧颇壮丽，与府署坪，同治庚午辛未间为贼所毁。"从此记述中，可知当时土知府衙门的建筑规模。在蒙化府土城内，至今还保存着明清时期的北社学、龙泉寺等古建筑物。蒙化土知府城已和蒙化卫城连成一片，为今巍山古城。

明洪武二十三年（1390），明朝设立蒙化卫，实行屯田戍守，并在蒙化土知府城的东南部新建蒙化卫城。据《蒙化志稿》记载，新建的蒙化卫城“周回四里三分，计九百三十七丈，高二丈三尺二寸，厚二丈，砖垛石墙，垛头一千二百七十有七，垛眼四百三十。建四门，上树谯楼，东曰忠武，南曰迎熏，西曰威远，北曰拱辰。北楼高三层，可望全川；下环月城，备极坚固。城方如印、中建文笔楼为印柄”。后经历代多次修葺，更加雄伟壮丽。从明正统十三年（1448年）开始，明朝在蒙化府增设判官、同知等流官，对蒙化府实行土流合治，蒙化卫城同时也作为流官的蒙化府城，并增建流官衙门，即今巍山县人民政府驻地。蒙化卫城五楼现存文笔楼和北门拱辰楼，北门古城楼依然高耸在二丈多高的砖

巍山古城航拍图

石城墙上，楼体为二层（比初建时减了一层），高23.4米（从地面算起），长47.1米，宽24.6米，由28根粗可合抱的大圆柱支撑楼房，四面出厦，高大雄伟。南北两檐下分别悬挂着“魁雄六诏”“万里瞻天”的两块大匾，分别记载着巍山悠久的历史。作为“印柄”的文笔楼，又名星拱楼，原明代建筑已毁坏，现存城楼为清代杜文秀起义军重建，更有其历史价值和意义。文笔楼建造在砖石结构、成十字通道的城门洞上，楼高二层，四面开窗，南门两面有门，檐牙高挑，俊秀挺拔，因此也名凝秀楼。1994年，巍山古城北门拱辰楼列为省级文物重点保护单位。2014年南诏镇古建筑群被列为国家重点文物保护单位。

蒙化古城，现为巍山彝族回族自治县城，城中保留着明清建筑的大批古建筑群落，如玉皇阁、文华书院、东岳宫、文庙、文源亭、明伦堂、尊经阁、太阳宫、等觉寺等。这些古建筑物规模宏大，造型美观，结构合理严谨，出阁架斗，雕梁画栋，建艺精湛，是巍山古代文物中的瑰宝。城中完整地保存着明清建筑的民居和街道，古城风貌完整，独具地方民族风格和特色。

7. 明清土司制度

土司制度是元朝开始在西南边疆少数民族地区实行羁縻政策的产物，它是封建王朝国家政体的重要组成部分，历史上有力地促进了中原王朝对边疆的统治。“羁縻：羁，马络头也；縻，牛靷也。马之羁，牛之靷，言制四夷如牛马之受羁縻。”羁縻政策，其实质就是中央王朝对少数民族的一种统治手段，是赐给其首领一个职官名号，由该首领世代管理一方土地及这块土地上的属民。明朝时多以原官授职，土知府、土知州、土知县官隶属吏部，皆世袭其职，给予符印，并确立了承袭、考核、贡赋、征伐等制度。土司除对中央王朝承担规定的贡赋和征伐以外，在辖区内，依然保存传统的统治机构和权力。

明太祖朱元璋建立明朝后，为进一步统一西南地区，于洪武十四年（1381）九月，命颍川侯傅友德为征南将军，永昌侯蓝玉、西平侯沐英为副将军，统率诸路明军征云南。明军进入云南后，对云南各地的少数民族上层分子采取归顺者重用、顽抗者打击的政策。洪武十五年（1382）正月，明军打下了滇东和滇中，乘胜进攻滇西。大理土总管段氏坚决抵抗，遭到打击，被明军擒获。这时大理段氏统治者派驻蒙化驻守的高天惠部也负隅顽抗，率部开到红岩堵击明军进攻大理。蒙化“罗罗”（今彝族先民）天摩牙九部火头左禾早对段氏统治不满，主动率部归附明军，招谕了高天惠部下的蒙化“罗罗”士兵，从内部瓦解了高天惠的军队，为明军西征大理扫清道路，立下大功，受到明军的封令嘉奖。明洪武十六年（1383），明军征复滇西，在蒙化仍设州，任命左禾为蒙化州判官，统领蒙化州。明永乐三年（1405），升左禾为蒙化知州，并准其子孙承袭。明永乐十三年（1415）四月，左禾子左伽承袭蒙化州知州。明正统六年（1441），明朝征调蒙化土官左伽统率蒙化兵马一千余众，参与明军总兵官蒋贵、总督军务官王骥率十五路大军征讨云南傣族土司思任法的“三征麓川”之役，左伽率部先后战于大侯（今云县）、勐痛、镇康等地，屡败思任法的土司军队，收复滇南大片失地，左伽功第一，受到明朝的嘉奖，“升临安府（今建水）同知，寻升大理府知府，仍掌蒙化州事”（明正德《云南志·

左伽传》）。明正统十三年（1448）六月，明王朝升蒙化州为蒙化府，编户35里，封左伽为知府掌印，官为三品，并赠“世守土府”大匾和书有“亘古亘今门第，全忠全孝人家”衙门联。同年明王朝在蒙化府增设流官通判、经历各1员，由朝廷派任，协助土知府处理政务，着重管理卫所军屯之事，土官至事，流官辅政。明代是蒙化府彝族左氏土官最为兴盛的时期，蒙化府政区辖境有35里（里为政区名称）、5个巡检司（甸北、甸尾、样备、浪沧江、备溪江），地域包括今天的巍山、南涧全境，漾濞的大部地区，弥渡和祥云的部分地区。明正德三年（1508），蒙化土知府左正（又作祯）明智让权，“强辞印信归流官通判掌”，朝廷又“别给左氏知府钤记”（印鉴之一种，《康熙蒙化府志》）。左正让印信于流官，交出了一部分权力，实行土流合治。明代一朝，蒙化府土知府先后承袭10人，即左禾、左伽、左琳、左瑛、左铭、左正、左文臣、左柱石、左近篙、左星海。

清代，巍山建制沿袭明代府制不变，土知府仍由彝族左氏家族承袭。清顺治十六年（1659）正月，清军西进云南，蒙化府知府左星海率部归附，左星海仍任蒙化府知府，并准子孙承袭知府职务。清乾隆三十五年（1770）改蒙化府为直隶厅，由左氏家族继续承袭土官知府。从清开始，蒙化建制改设三乡（安远、蒙城、新兴）两川（白崖川，云川）、35里，归蒙化府管辖。明末至清乾隆三十五年，蒙化府知府承袭为左星海、左世瑞、左嘉谟、左麟哥、左元生等人。清咸丰六年（1856），巍山回族首领马朝珍、马金保和杜文秀等在巍山小围埂发动反清起义军，随后在大理建立反清起义政权。同治九年至十年（1870—1871），杜文秀回族起义军攻打蒙化府城，蒙化土知府衙门被烧毁，土官印信号纸随之遗失，左氏承袭中断。清光绪二十三年（1889），土知府左荫曾子左隆辅上书清政府，要求承袭土知府，没有结果，蒙化直隶厅知府承袭之事自然终止，从此一切权力均由流官统掌。从清乾隆三十六年至清光绪二十三年，蒙化直隶厅承袭知府有左元生、左

明代巍山“左氏土知府”大印

长泰、左长安、左荫曾等4人。从清光绪二十四年至民国初，虽然蒙化土官世袭制度终止，但蒙化左氏土官的亲族仍然管理着蒙化直隶厅的蒙城、安远、新兴三乡，直到民国三年后，才把蒙城、安远、新兴三乡改归地方官吏管理，仅留隆城邑、左三村、谷波罗、枫木桥、晓庄、团山、养鹅村、养鸡村、锅盖村、猪角底村、金沙坪、吴乐村、阿克塘、山后箐、比苦、朵阿村、喇巴六五、三鹤洞、祖房管、铳楼、神舟渡、左家村等继续由左土官亲族管理。新中国建立后，才彻底废除了巍山的封建土官制度，这些村寨才摆脱了左氏家族的统治。

左土司及家族成员还通过联姻等途径，与周边地区的土司、地方绅士、富豪和平民百姓保持着正常的交往，少有摩擦和纷争。从联姻来看，为政治目的婚姻多发生于左土司家族中的上层人物中。通过联姻，既密切了相互之间的联系，也借此加强了左土司自己的封建领主的地位。从明代至清代，左家先后与景东、丽江、永胜、云龙、南华、大姚、邓川等地的彝族、白族、纳西族、傣族土官结成血亲关系，经济上互相往来，政治上互为依靠。左正的正妻木氏就是云南三大土司之一丽江木氏土司的独生女。据史料记载，木氏貌美，且聪明贤惠，知书达理，才华出众，有“女流之异，宗嗣遐传”之美誉，是“死遗贤名，荣而且贵”的知名人物。清乾隆《蒙化左族家谱》中收录的明朝廷诰封令中说：“云南蒙化土知府左正妻木氏，恪遵妇仪，善相夫子，修职奉贡，久而益虔，瑗举彝章，用光闺壶，兹特封尔为恭人。”

巍山的彝族土官制度，从明洪武十六年（1383）至清光绪二十三年（1896），时间跨越明清两朝，先后承袭土官 18 人，历时 513 年，史称蒙化府是明清时期“云南辖境范围广，势力强大，统治时间最长的三大土知府之一（其他两大土知府是丽江纳西族木氏和元江傣族那氏土知府）”。

8. 杨慎在巍山

杨慎（1488—1559），字用修，号升庵，四川新都人，其父为明朝宰相杨廷和。明正德六年（1511 年）殿试状元，学富才敏、天分聪明。嘉靖三年（1524 年），因参与朝廷“议大礼”，得罪了嘉靖皇帝，被谪戍云南永昌（今保山），于是广结文人学士，畅游云南山水，留下诸多诗文著作。在滇期间，曾三次游览蒙化，寓居县城冷泉庵，日与蒙化土知府左祯、文人学士朱光霁、张璧等遍游蒙化胜景和相唱和，并怜才造士，培养了蒙化朱寰、左明理等一批品学兼优的学生。在蒙化期间，留下了很多的诗联和文章，诗有《酬左三鹤铜雀砚诗》、词有《踉楚操词》、联有《题冷泉庵柱联》和《游圆觉寺联》、文有《踉楚操序》等。圆觉寺为左氏土知府左琳为其母所建，风景清幽，杨慎寓居蒙化时，多数时间都住在圆觉寺。

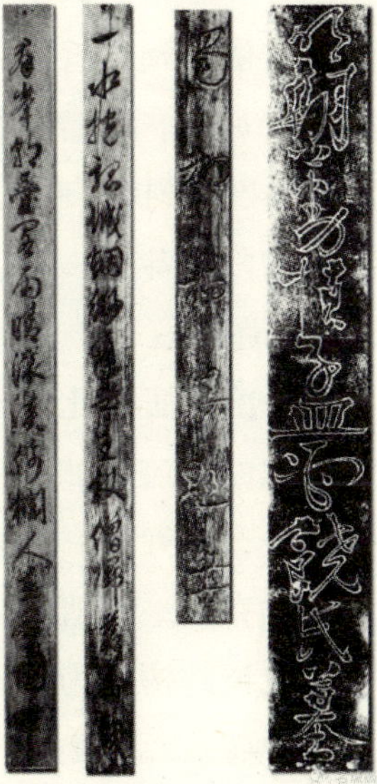

杨慎对联及墨迹

朱光霁、张璧都是明代蒙化有名的文人，曾在外地做官，后隐退回籍，他们和杨慎交往甚厚，常在一起相互唱和，诗文往来。张璧新居落成，杨慎亲为其新居题诗：碧山学士居茅屋，锦里先生过草堂；淼淼龙池接沟水，啾啾雀树隐邻墙。何人问字能携酒，有子摊书解满床；

巴曲肯来收下里，楚歌还拟叩沧浪。字里行间充满了深情厚谊。朱光霁是王阳明的得意门生，曾任四川重庆府通判、锦州知府、陕西西安府同知等职，因不满时政，隐退回籍，适杨慎谪滇，二人结为知交。他们除同游蒙化外，还和大理的文人李元阳遍游苍山洱海以及石宝山、鸡足山等名山。一次，他们游览蒙化圆觉寺后，同为圆觉寺题联。联由朱光霁撰文，杨慎书写，说明他们情投意合和感情的真挚。此联云：高阁高悬，低阁低悬，僧在画中看画；远锋远列，近峰近列，人来山上观山。可惜原题刻已不存，只存杨慎题书的另一副木刻联。联云："一水抱孤城，烟渺有无，拄杖僧归苍莽外；群山朝叠阁，雨晴浓淡，倚栏人在画图中。"

杨慎寓居蒙化期间，凡是他所涉足之处，都留有他的墨迹，如巍宝山、云隐寺、三鹤洞、圆觉寺、玄龙寺等。他和左祯、朱光霁等游蒙化东山玄龙寺时，正值蒙化孟氏在寺后修立祖坟，应孟氏之请，杨慎为孟家书写了五块墓碑："一寿官孟公墓，二孟谦墓，三孟增墓，四孟门饶氏墓，五孟门延氏墓，均高三尺二寸，宽六寸。四石九字，一石十一字，草书”（《新纂云南通志》）。此墓碑在“文化大革命”中被毁，今存遗址。巍山民间相传，孟氏墓碑共有“七筒半”，是杨慎受骗而书，后知受骗，最后一筒只写了半筒，于是甩手而去，实际是杨慎受请而书。杨慎谪滇期间，不与官府的官吏互相往来，而对民间的黎民百姓则礼贤下士，相互往来，同情人民的生活疾苦。

9. 徐霞客游巍山

徐霞客（1586—1641），名宏祖，字振之，霞客为其号，江苏江阴人，我国著名的地理学家、文学家和旅行家。他生活在明末，因对明代晚期腐败的政治不满，不应科举，不入仕途，以毕生的精力从事科学研究和旅游考察，从22岁起（明万历三十五年），历经34年遍游全国山水，写成地理巨著《徐霞客游记》留传于世。徐霞客进入云南后，通过阅读《一统志》和担当等友人的介绍，就有了游览蒙化的心愿。明崇祯十二年（1639），徐霞客结束了保山、腾冲之行后，放弃入缅甸的计划，绕道从凤庆到蒙化旅行。他于是年八月十六日和顾仆三人乘竹筏渡过了黑憓江，进入蒙化。这天徐霞客兴致勃勃地顺路游览了笔架山脚的“蜢口岩”奇景。“蜢口岩”是从顺宁进入蒙化的第一景。“蜢口岩”高峭险峻，在悬崖峭壁的半空中，建有一座叫灵岩寺的佛教寺庙。寺的后壁就是石壁,柱子用铁索环扣在崖孔中,居高临下,奇险万状。徐霞客不顾旅途的疲劳，顺着石蹬盘旋而上游览了灵岩寺，寺中高僧隐庵住持热情接待和留住。因为顾仆驮骑已前去，他不能留下来过夜，只好辞别隐庵和尚去追赶顾仆。当晚徐霞客歇宿在蒙化彝家山寨瓦葫芦，感受了彝族先民火炕床，并就着松明灯火，记下了蒙化第一天的行记。

第二天，崇祯十二年八月十七日，徐霞客途经鼠街、猪矢河进入蒙化坝子。只见蒙化坝子四面青山环抱，阳瓜江纵贯其中，府城东伏平川，村寨星罗棋布。他入府城西门，直抵东门，过等觉寺，投宿在冷泉庵中，和寺中住持妙乐和尚一见如故，结为知交。当晚，他在日记中记道：“蒙化城甚整，乃古城也，而高与洱海相似。城中居庐亦甚盛；而北门外则皆聚焉。闻城中甲科三四家，是反胜大理也”。在记述蒙化土知府时说“蒙化土知府左姓，世代循良，不似景东桀骜，其居在西山北坞三十里。蒙化有流官同知一人，居城中，反有专城之重，不似他土府之外受酋制，亦不似他流官有郡伯上压也。蒙化卫亦居城中，为卫官者，亦胜他卫，盖不似景东之权在土酋，亦不似永昌之人各为政也。”写出了蒙化土流和谐共治的特点。在记述蒙化风景名胜之时说：“蒙化有四寺，曰天姥、竹扫、降龙、伏虎，而天姥之名最著，在西北山坞间三十五里。余不及遍穷，欲首及之。”

第三天，徐霞客游天姥崖寺。天姥崖寺，又叫云隐寺，天摩牙寺，唐代南诏王细奴逻始建，是云南佛教名刹，久负盛名。这天，他非常仔细地游览了天姥寺，在日记中，徐霞客记道：“山门内有古坊，曰云隐寺。按《一统志》，巄岈图山在城西北三十五里、蒙氏龙伽独自哀牢将其子细奴逻居其上，筑巄岈图城，自立为其王，号蒙舍诏，今上有浮图

茶房寺

及云隐寺。始知天姥崖即云隐寺，而其山实名巄屽图也。其浮图在寺北回冈上，殿宇昔极整丽，盖土司家所为，今不免寥落矣。”这些日记资料记述详细，实为珍贵，为我们今天认识和研究南诏和土司历史提供了第一手资料。

第四天，徐霞客吃过早饭，妙乐和尚以礼物赠送给徐霞客，徐霞客即以刘禹锡诗扇，更作诗回赠给妙乐和尚，然后告别了妙乐和尚，离开蒙化，二次上鸡足山。这天徐霞客一路游过蒙化东山古刹广善寺，从南诏古道隆庆关进入弥渡，经清华洞，第二次上鸡足山，结束了蒙化之行。

10. 清代御封文献名邦

南诏早期就接受了中原文化，尊儒重道，南诏中后期，汉文化发展到较高水平。早在唐初，蒙舍诏主即劝民习读汉书，敦崇八行。南诏中、晚期创作的《南诏德化碑》《南诏奉圣乐》《南诏图传》在历史长河中依旧闪烁着熠熠光彩。明洪武年间，城内建盖孔庙办庙学。明清两朝，新建了多处书院和社学，讲学授课之风盛行。明清时，有进士 23 人，文举 220 人，武举 30 人，贡生 500 多人。因文风蔚然，人才辈出，被清廷御封为“文献名邦”。

书院社学是巍山古城中一道靓丽的文化景观。初考，书院之名始于唐代。根据主办者的不同，分为官、私两类。私立书院最初其实是私人读书的书房，如唐贞观九年（635）设在四川遂宁县的张九宗书院，就是最早的私人书院。官办书院最初是官方修书、校书或偶尔为皇帝讲经的场所。唐玄宗开元六年（718）将藏书机构乾元院改名为丽正修书院，成为中国最早的官办书院，但它是皇家编、校、典藏图书的地方，类似于皇家图书馆，而不是教学机构。唐末至五代期间，战乱频繁，官学衰败，一些有识之士模仿佛教禅林的讲经制度，避居山林，创立书院，这些私人藏书、读书

文献广场及“文献名邦”牌楼

的书院逐渐演化为学者讲学教授、士子读书求师并进行学术研究的专门教育机构，具有了学校的性质。

宋代，书院作为中国封建社会特有的一种教育机构被正式确立并得到发展。著名的有江西庐山的白鹿洞书院、湖南长沙的岳麓书院、湖南衡阳的石鼓书院、河南登封的嵩阳书院、河南商丘的应天府书院等。书院大多是自筹经费，建造校舍，有专人主持，以讲论经籍为主，采取以自学为主，共同讲习和教师指导相结合的形式进行教学，它的目的是为了教育、培养人的学问和德行，而不是为了应试获取功名。后历经元、明，至清光绪二十七年（1901）诏令书院改为学堂，书院之名遂废。历史上的明清时期，书院几乎遍及全国。明清统治者加强了对书院的控制，使书院由私学蜕变成了官学，并被纳入了科举系统。蒙化（今巍山）的明志书院、文昌书院、文华书院等也就是在那一时期应运而生。

明志书院原称崇正书院，俗称西寺。位于古城西北隅，蒙化通判胡光于明弘治十四年（1501）在原浮屠之地始建，取名崇正书院，是蒙化第一所书院。原建筑有杏坛、大殿、学文斋、修行斋，前有泮池，泮池前有一坊曰“科第”，殿后建屋五间曰“观文楼”，旁建厢房，后多毁。明嘉靖年间，蒙化府通判吴绍周扩建，于大殿后建武侯祠、致远堂、尊经阁、乡贤祠、书斋、八腊祠、拱辰馆，大门外凿池，共有屋56间，规模宏大。取诸葛武侯“淡泊明志”之意，改崇正书院为明志书院。明嘉靖年间大文学家李元阳曾撰写“明志书院”石刻碑立于院内。明志书院历经沧桑，原建筑大多毁损，现仅保留大门、中厅、大殿，厢房及漏阁数间，并有明末栽种的古榕树一株，已有四百多年历史。2005年被巍山县人民政府公布为文物保护单位。

文昌书院原名文昌宫，明蒙化卫指挥使杨浚建，初设启蒙义学。清乾隆二十三年（1758）由县城士绅增修大门、忠孝楼，并建石牌坊曰“忠孝”。乾隆四十六年（1781）教授卢镦建厢房、厨库、书室。乾隆五十一年（1786）由蒙化直隶厅同知黄大鹤及士绅捐资维修，改名为文昌书院，并题书碑文“丙午秋闱，登贤书者甲于滇省”。清咸同年间毁于兵燹，光绪十二年（1886）重建，称“学古书院”。

民国四年（1915）改设蒙化中学，为滇西重点中学之一。民国二十八年（1939），中学迁至文庙，文昌书院改设小学。文昌宫建筑群由山门、牌坊、中殿、大殿、魁星阁、金甲殿、厢房三进两院组成。现存大殿最雄伟，前有月台，四周围大理石栏杆，台前正面有大理石雕龙御路，殿为单檐歇山顶，门窗雕刻细致生动。古建筑还保留中殿、大殿、金甲殿、魁星阁及部分厢房。1987 年被巍山县人民政府公布为文物保护单位。

北社学位于月华街，又称育英社学，明崇祯年间由蒙化同知朱统燧及郡绅建造，有大门、过厅、大殿、两厢。光绪年间又建先师阁、社仓等，民国时期办小学，称庆云小学，新中国成立后仍办小学，称群力小学至今。1981 年先师阁被整体拆迁至蒙阳公园，改称“奇嘉阁”。现保存的大门为单檐歇山顶一高两低牌楼式建筑，设九踩斗拱，次间为七踩斗拱，错落有致，大方美观。现保存大门、过厅及部分厢房。1987 年被巍山县人民政府公布为文物保护单位。

南社学位于南街孙家巷，原称育德书院，原为明广西左江道兼提学道宣廷式及弟福建兴化府推官宣廷宾的住宅。明代建筑，由大门、二门、过厅、大厅、后阁、两厢及花园组成。后阁重檐歇山顶，面阔三间，除上层擎檐柱为圆柱外，其余皆用方柱，明间与次间宽度相近，外观匀称。明亡后，廷式偕弟廷宾到五印山落发为僧，住房以低价出售办社学。清康熙年间，蒙化掌印同知张善化捐金改建，后掌印同知陈文成立义学于内，称南社学。古建筑基本保存完整。1987年被巍山县人民政府公布为文物保护单位。

11. 中共蒙化特别支部开展革命活动

蒙化具有悠久的革命历史和光荣的革命传统，早在20世纪20年代末就建立了党的地下组织——中共蒙化特别支部，是滇西乃至全省屈指可数的最早有地下党组织活动的地区之一。

1919年五四运动爆发后，在北京求学的蒙化籍学生张四维和徐克家，积极参加党领导的革命活动，不断向家乡的青年学生传递进步书刊，在蒙化引起了较大反响。在他们的感召和影响下，蒙化有志青年纷纷外出求学求业，追求进步。

1927年12月，中共云南省特委召开扩大会议，派大批党团员到矿区和农村开展革命活动。由于蒙化具备较成熟的开展革命活动的社会基础，省特委决定把蒙化作为全省开展革命活动的重点地区之一。1928年12月，省临委正式批准成立中共蒙化特别支部，派艾志诚到蒙化任特支书记，负责联络党员和革命同志，广泛建立党小组和党的外围组织，开展革命工作。1929年2月，中共镇源县负责人徐克（蒙化人）受党组织的调遣，以教师身份回到蒙化中学参与领导特支工作。不久，艾志诚被省临委调往个旧工作，中共蒙化特支由徐克负责。

1930年12月，中共云南省临委遭到国民党破坏，王德三等领导人牺牲，蒙化特支与上级党组织失去联系而停止了活动。

1945年，中共云南省工委决定在农村中建立党的可靠基层组织，以备将来开展斗争，从西南联合大学抽调了佘世光、杨坤泉、张治公、张家炽、潘泳琛、陈定侯、郝桐苍（何东昌，新中国成立后曾任国家教育部长）等一批“民青”成员到蒙化中学任教，秘密开展革命工作，在校内成立了马列主义读书会，组织学生阅读进步书籍，向进步青年宣传革命道理，建立了“民青”支部，逐步发展壮大了“民青”组织。

1946年初，受省党组织的调遣，陈铭远、佘世光、郝桐苍等“民青”成员相继离开蒙化回西南联大，张瑄继续留任蒙化中学校长，并开展了一系列卓有成效的民主革命活动。不久，中共云南省工委派共产党员蒋智仁、王霖、赵国华和“新联”成员傅国栋等人到蒙化中学任教，以教学为掩护开展地下斗争。1946年8月，党组织决定利用李兆升的家庭及社会关系，让他打入国民党县党部任宣传干事，这样便在反动派的核心机关安上了地下党的耳目，为了解掌握国民党反动派的机密，进一步顺利地开展武装斗争创造了条件。

1949年1月，中共滇西工委根据党中央、南方局和省工委（此时省临委已改为省工委）决定在蒙化重建地下党组织，组织开展武装斗争。1月底，中共滇西工委决定恢复重建中共蒙化特别支部，3月初，恢复重建后的蒙化特支在县城召开了第一次支部会议。第一次特支会议后，特支委员们分头行动，认真贯彻落实了会议决议。派往各区的骨干根据特支关于“放手发展组织，开展群众斗争，积极准备武装夺取政权”的要求，普遍建立党小组和“民青”“妇联会”“青年会”“农抗会”等党的外围组织，广泛发动群众开展反蒋、反霸、反“三征”（反抗征粮、征税、征兵）斗争，迅速掀起了革命斗争的高潮。蒙化特支还参与组建了蒙化大队和盟石大队两支党领导的武装，开展了争取改造地方武装张灼生“自卫军”的工作，做了组建革命武装长山游击队和无量武工队的大量前期准备工作，为推动蒙化武装斗争的迅速发展，加快蒙化解放的进程做出了重要贡献。

1949 年 1 月，根据革命形势的发展和在蒙化进一步开展武装斗争的需要，中共滇西工委决定撤销中共蒙化特别支部，成立中共蒙化（地下）县委，由张瑄、童景明、黄承明任委员，张瑄为县委书记。至此，在蒙化的最高地方党组织由支部升级为县委，为更好地领导和组织开展武装斗争提供了有力的组织保障。

12. 柴枫子考察红河源头

多数大江大河的源头，人类文明并不太发达，大多处于荒凉僻远之地。而红河源头的巍山是滇西的一颗明珠。红河源头经巍山部分叫西河，又叫阳瓜江，自古就是瓜果飘香的鱼米之乡。

红河从云南大理州巍山县永建镇西北角彝族村寨米鹿么村发源，流经大理、楚雄、玉溪、红河四个州市，10 多个县市，进入越南。红河全长 1200 多千米，在云南境内长 690 多千米，在越南境内长 500 多千米，由北部湾注入南海，是中国南部最著名的一条河流。

“额骨阿宝”就是红河源头的名字，在巍山彝族话里，“额”为水之意，“骨”为弯弯曲曲的意思，“阿宝”是父亲的同义语，“额骨阿宝”连起来就是一条弯弯曲曲的河流的

大红河源碑

父亲。几乎所有的河流都被称为母亲河，但红河从一开始就被称为父亲河。水之父，即是水的根源，包含着伟大的创造生命的精神。巍山县境内的红河源头之水，以纵横恣肆的气势流淌着。红河从巍山发源孕育，流经巍山 69 千米，经过九曲十八弯与富饶美丽的田园风光相融在一起，充满了诗情画意。

曾用双脚丈量过云南山水的柴枫子，从昆明出发用将近六年的时间（1996 年 3 月 4 日到 2001 年 11 月 24 日），独自一人徒步考察云南全境的怒江、独龙江、澜沧江、红河、金沙江和南盘江六大水系干流全程及其流域大部，行走里程超过 5 万里。

柴枫子创造性地从地理、地质以及人类文化的角度，推进了对江河的研究，系统理论地确立了红河源的源头所在地——大理州巍山县永建镇红河源村委会羊子江额骨阿宝。在他的努力下，1999 年 4 月 24 日，额骨阿宝竖立起一块两吨重的碑，他亲自书刻了“大红河源额骨阿宝”八个大字。

柴枫子在其作的《红河源祭》写道：“大地

的复兴和丰盈，是我的美，是我波澜壮阔的美。生命的源流，从此而发动，如日之升真真而从容，如光之盈源源而深入，向着充分，在祖国之南。”这是对红河的赞美，也是对巍山的赞美。

三、地方文化

（一）南诏文化

南诏文化的来源较为复杂。除去浓厚的氐族文化成分，尚不能即下断语的北方语系种族影响而外，最显著的当然要数汉文化。从汉代的尹珍、孟孝琚起，一直到南诏时代，经济的发展，政治上的制度以及文学艺术各方面，都与汉文化有分不开的关系。①

1. 南诏文字

南诏文字受汉字的影响较大，在南诏官方文书中皆使用汉字。唐武则天圣历元年（698 年）所立的安宁《王仁求碑》的碑刻文字所用皆为武则天颁行的字体，同时还运用了唐代民间流行的俗字体。最有代表性的《南诏德化碑》通体全是唐代汉字，且辞藻华丽，颇具唐风。在佛教传入南诏后使用汉字更为普遍，著名的《南诏中兴二年画卷》即是反映南诏历史的国史画卷，秘藏王宫内供王室成员观看，画卷的款式、题记皆采用汉字，画卷外的补充说明文字卷亦用汉字。

南诏还使用白文记事。白文即用汉字记白蛮语音的文字，或将汉字笔画作部分增减而成的表意记音文字，这种文字创始于南诏时期。白文多用在有字砖瓦上，在云南大理地区许多古城遗址中都出土了刻有这种白文的有字瓦，如有字瓦上的“官诺”，汉意为“官制的”；又如“买诺”，汉意为“购买的”。还有用白文（僰文）写成的《白（僰）古通记》。但这种白文并没有得到普遍的推广，在南诏以后的大理及元、明、清各代由于进一步受到汉文化的影响，白文逐渐少用直至消失。

2. 南诏文学艺术

南诏的文学以诗歌和散文著称。南诏时期由于与内地联系的增多，加之汉族移民不断进入南诏境内，汉族文学在南诏得到广泛传播，因此“南诏大理时期洱海民族之文学见于纪录者，大都受中国（内地）文学的影响”。南诏文学多具有唐代文学的风采。南诏王及其子孙大多习汉文，读儒家之书。阁罗凤“不读非圣之书”，“尝读儒书”。唐西泸令郑回被阁逻凤“甚爱重之”，令教子弟，阁逻凤之子凤迦异、孙异牟寻都曾以郑回为师学习儒家文化，因此“异牟寻颇知书，有才智”，“人知礼乐，本唐风化”。南诏还选送王室子弟及大臣到成都学习，前后延续50年，就学者多达上千人。这些就学于成都的子弟将汉文化带回了南诏，大大丰富了南诏的文学艺术，涌现出许多诗人和文人，南诏不少的诗文流传到唐朝内地，有的还被收录到《全唐诗》《全唐文》中。南诏有许多著名的诗人和文人，南诏王寻阁劝即是著名诗人之一，他的《星回节游避风台》一诗被千古流传，其诗云：“避风善阐台，极目见藤越，悲哉古与今，依然烟与月；自我居震旦（南诏王），翊卫类夔契，伊昔今皇远，艰难仰忠烈；不觉岁云暮，

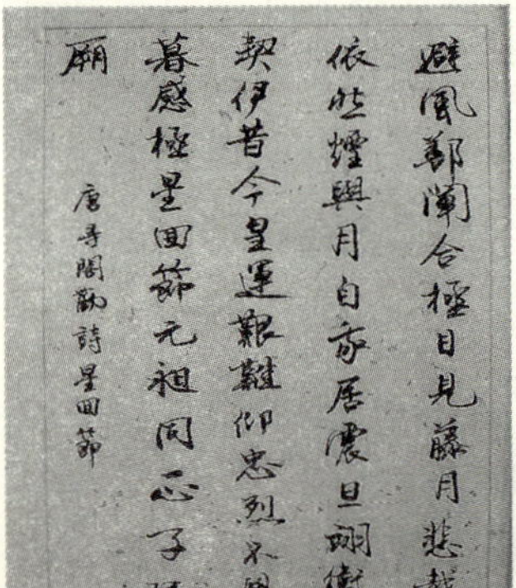

寻阁劝诗入选《全唐诗》

感极星回节，元昶同一心，子孙堪贻厥”。此诗颇具唐诗风格。南诏官员中也有不少的诗人，布燮（清平官）段义宗的诗歌广为流传，例如《题大慈寺芍药》中的名句“繁影夜铺方丈月，异香朝散讲筵风”和《题三学经楼》中的“玉排拂道珊瑚殿，金错危栏翡翠楼”都是佳作。还有世隆时的清平官董成的诗《怀乡》：“沪北行人绝，云南信未还。庭前花不扫，门外柳谁攀。坐久消银烛，愁多减玉颜。悬心秋月夜，万里照关山。”这首诗的唐诗风格突出，被收录在《全唐诗》中。清平官赵叔达的诗也很有名。清平官杨奇鲲的诗不仅意境新颖，而且颇具唐诗韵味，如收入《全唐诗》中的《岩嵌绿玉》：“天孙昔谪天下绿，雾鬓风鬟依草本，一朝骑凤上丹霄，翠翘花钿留空谷。”它充分反映出南诏诗歌的高水平。

南诏散文的造诣也较高。其优秀佳作有唐大中初年南诏质问唐为何减少就学成都子弟人数的呈词，其中的“一人有庆，方当万国而来朝；四海为家，岂计十人之有费”很是精彩，就连唐朝接呈的官员开读后都有“开缄捧读，辞藻斐然”的感叹。还有流传极广的《南诏德化碑》是散文中最著名的代表作，碑文洋洋洒洒数千言，辞藻典雅，文字高洁流畅，跌宕生姿，一气呵成，颇有唐代散文大家的文风。

3. 南诏建筑

南诏建筑以佛教寺塔和宫殿建筑艺术水平最高。寺塔之建筑在开元至天宝年间最盛行。洱海地区考古发掘出的南诏建筑材料有字砖瓦约 50 余种，大都刻有砖瓦匠人的姓名或官窑名称。寺塔中以崇圣寺三塔最为著称，此塔建于唐开元年间。寺基方 3.5 千米，有塔 3 座，房屋 890 间，佛像 11400 尊。大塔(又称千寻塔)有 16 层，高 69.13 米，为中国古塔层数最多，也是现存古塔较高者，塔基为正方形，全用砖砌成，西面开有塔门，由门可进入塔内。塔身中空，可登梯上塔顶。塔身东、西正中各有佛龛，内供石佛一尊。塔顶有刹，由中心柱、宝顶、宝盖、相轮和莲花座组成，宝顶为铜铸，呈葫芦形。塔顶四角各有一只铜铸鹏鸟。崇圣寺和三塔在劝丰佑时曾重修，据记载重修的三塔，大塔 16 层，高 61.6 米，旁二塔各高 24.3 米，砌塔工匠为徐正、史端，木匠是娇奴、和苴、李宜，用工 778141 个，花去金银布帛绫罗缎锦价值金 43054 斤，历时 8 年才竣工。工程之浩大可想而知。三塔的造型很似唐代西安的小雁塔，这是受唐内地建筑艺术的影响，但又具有南诏建筑的特点，是内地和南诏各族建筑艺术相结合的结晶。除崇圣寺外，著名的寺塔还有罗次寺，此寺用银 5000 两铸佛像；又建东寺塔，高 50 米，西寺塔，高 24.3 米；另有妙应寺、白城寺等，都是宏伟壮观，技术精巧的建筑物。

南诏的宫殿建筑华丽壮观。阳苴咩城（今云南省大理古城）南诏王大衙门建筑技术最高。宫殿楼高 6.7 米，甃以青石为磴，楼前广场 1 平方千米，南北城门相对。从楼下行 300 步方到第二重门，门屋 5 间，又有两门楼相对，各有膀。从二重门行 200 余步至第三重门，门列戟，上有重楼，入门是屏风墙。再行 100 余步到大厅，皆高 3—4 米，大厅两旁“重屋别如蛛网，架空无柱”。两边有门楼，下临清池。大厅后是小厅，小厅后即南诏王的住宅。宫殿建有客馆，馆前有亭，亭临方池，池“周回七里，水深数丈，鱼鳖悉有”。如此复杂的建筑反映了南诏建筑水平之高，此类建筑在南诏还有不少，如太和城“巷陌皆垒石为主，高丈余，连延数里不断”；大釐城（今云南省大理市喜洲）居民众多，是南诏王的避暑之地；龙尾城（今大理市下关镇）“萦抱点苍南麓数里，城门临洱水，下河上桥，长百余步”。还有“五华楼”，是南诏王会见西南夷 16 国君长之地，楼广 1.7 千米，高 33.4 米，上可容纳万人，其规模更为宏大。

4. 南诏雕刻绘画

剑川石钟山石窟是南诏石刻艺术的精品，分布在剑川石宝山的石钟寺、沙登村、狮子关 3 个地点，共有 17 窟，造像 139 尊，碑碣 5 通，造像题记和其他题记 44 则。造像内容一是佛教题材，有如来佛、观音、天王、大力士等；二是世俗题材，如南诏王、清平官、僧人等。石窟艺术风格受到敦煌、藏族、南亚文化风格的影响，但又具有南诏自己独特的风格，是南诏文化与汉族、藏族、南亚文化交

南诏图传局部

流的结晶。

南诏的绘画艺术集中体现在《南诏中兴二画卷》，又名《南诏图传》，此画成于舜化贞中兴二年（唐昭宗光化二年，899年），内容描绘了当时记述的南诏历史和神话传说的片断，从巍山祭铁柱始至中兴二年的史实，神话及佛教传入的故事，图文并茂，是一幅既具有绘画艺术又具有研究南诏历史的重要文物，被誉为“南诏瑰宝”。

《南诏图传》由“巍山起因”“铁柱记”“西洱河记”等南诏早期传说绘制而成，主要体现的是“君权神授”思想。《南诏图传》共有两个长卷，一卷是图画，纸本彩绘，长5.74米，宽30厘米，画面分为13段，共有人物94人；另一卷是文字，详细说明图卷上的各个故事，后面还附有南诏王舜化贞中兴二年的敕令。画卷与文字卷共同组成了《南诏图传》。

《南诏图传》的内容主要分为三个部分：

第一部分画的是南诏始祖蒙细奴逻的故事，也就是“观音点化”的传说。传说大意是，观音化为一个梵僧到细奴逻家里乞讨，时细奴逻和儿子逻盛正在田中耕田，他的妻子正准备往田里送饭。当他的妻子看到梵僧时，毫不犹豫地把饭都给了梵僧，这是第一化。然后她又做了饭，但梵僧又来乞讨，于是她又把饭给了梵僧，这是第二化。当她第三次做好饭后要把饭送到山脚下时，又看到了那个梵僧，不同的是僧人前有青牛，左有白马，右有白象，云中还有两个童子，一派祥瑞之气。梵僧再次向细奴逻及其妻子乞讨，细奴逻毫不犹豫地把饭给了梵僧，这是第三化。

第二部分为"铁柱记"，描绘是洱海地区九大首领铁柱会盟的历史事件。这次会盟是洱海地区白子国主云南大将军张乐进求、西洱海右将军杨农栋、巍州刺史蒙逻盛、勋公大部落主段宇栋等九大首领按当地铁柱祭天的仪式举行的选举盟主、奉唐抗蕃的大会。大会上，众推蒙舍诏诏主蒙逻盛为盟主，标志着张氏白子部落联盟时代的结束，蒙舍诏正式成为了洱海地区附唐联盟的盟主以及地方第一大势力。

第三部分是"西洱河记"。先有"供养人拜观音"，图的中心是观音的立像，观音双脚踏着莲花座，右侧有六人顺序合掌而立。图上画着洱海神和洱海形势图。图片上方有题记："西洱河者，西河如耳，即大海之耳也。河神有金螺鱼也。金鱼头白，额上有轮，爰毒蛇绕之，居之左右，分为两河也。"

《南诏图传》绘画技术高超，场面宏大，人物众多，各类人物的外形特征和内在心理状态都刻画得相当准确细腻，是南诏时期的民族艺术珍品，具有很高的艺术价值，同时也反映了社会生活方方面面的内容，对于研究南诏国的历史文化也具有很高的价值。而且所画内容故事情节生动、连贯，被称为是中国最早的佛教连环画。

5. 南诏音乐舞蹈

南诏时期的音乐舞蹈丰富多彩，尤以南诏的宫廷音乐为最。宫廷音乐是在云南少数民族音乐的基础上吸收内地和东南亚音乐而形成的。东南亚的"骠国乐"首先传入南诏，而后由南诏传入唐朝的长安。南诏宫廷中还流行中原王朝所赐的"龟兹乐"。南诏自己的宫廷音乐"夷中歌曲"，曾经过四川节度使韦皋的整理后更名为"南诏奉圣乐"，并进献唐王朝在长安的宫廷演出。南诏的乐曲还有"天南滇越俗歌"，这是由云南民歌经加工而成的官府音乐。还有“盖罗缝”“赞普子”“菩萨蛮”等乐曲。

南诏为乐曲伴奏的乐器有筝、箜篌、五弦、琵琶、笙、笛、拍板、筚篥、铙、铎、钲和铜鼓等。

南诏民间也广泛流传着许多“俗歌”“俗舞”，最为普遍的是“踏歌”（打歌），以笙、笛等乐器伴舞，这就是桂馥《滇游续笔》所说的：“夷俗，男女相会，一人吹笛，一人吹芦笙，数十人环，踏地而歌”的踏歌，很受民间男女青年的欢迎。

6. 南诏宗教

南诏的宗教信仰多样，《南诏德化碑》说：“开三教，宾四门”，正是南即鬼教，多尚巫鬼，各部落的宗教和政治首领合而为一，称为鬼主，大小鬼主都是各大小部落的统治者。

唐朝中期佛教传入南诏，并成为南诏统治者推崇的国教，是南诏国最盛行的宗教。这一时期统治者大建寺庙，铸造佛像。劝龙晟曾用3000两黄金铸佛3尊，到劝丰佑时佛教达到鼎盛时期，南诏的许多寺塔和佛像都在这时兴建或重建，到隆舜时建了大寺 800，小寺 3000。佛教之盛行可想而知，以至于佛教在云南是“家知户到”，皆以佛教为首务，佛教已完全成为南诏统治者维护其统治的工具。

在南诏中后期另一种原始宗教——“土主”崇拜也在南诏统治区域发展起来。土主是彝族祖先崇拜的产物，为本民族或家族的保护神。彝族先民把真正能代表本民族气质和精神的、对社会有突出贡献的、深受公认的历史人物尊为“土主”，把他神化并崇仰膜拜。唐开元二年（714），第三代王盛罗皮经唐朝钦准，在巍宝山为其祖父细奴逻建盖了第一座土主庙，以后，历代南诏王都被当地彝族群众奉为土主，一直到今天，巍山境内还保存有近十座土主庙。

这一时期“本主”崇拜也在洱海地区发展起来。在多数白蛮居住的白族村子都有一个“本主”，这些“本主”有的是自然神，如苍山神、龙母、洱海神；有的则是图腾或祖先崇拜神，如白马、白骆驼、细奴罗、郑回、柏节夫人。这种“本主”信仰一直传到现在仍是白族主要宗教信仰之一。

（二）民族民间文化艺术

1. 巍山洞经古乐

洞经古乐是我国民族民间文化艺术宝库中一颗璀璨的明珠，是中华民族宝贵的优秀文化遗产，它是云南文化遗产中影响较大的乐种之一，历史悠久，分布面广，是研究古典民族民间文化艺术的“活化石”。

巍山洞经古乐，由于来源、传承、地域的差异，它与周边的大理、丽江、保山、楚雄、昆明、玉溪乃至全省各地的洞经古乐相比差异较大，风格截然不同。

巍山洞经古乐，历史悠久，乐曲古老，曲目

巍山洞经古乐组照

丰富，它主要的表现形式是民族古器乐合奏曲，多为词曲结构，分为大乐、细乐和经腔，音乐是为唱诵经文服务的，演奏过程中，弦乐和打击乐各种乐器配合得贴切和谐，融吹、打、弹、拉、唱、诵为一体。它用古老的乐器、古老的演奏方法来演奏古老的乐曲，演奏出来的音乐别具风格。

道教在巍山的发展，对洞经古乐也有很大影响。据史籍和金石记载，巍宝山的道教创自汉、唐，兴盛于明清，属“全真派”历史上对滇西影响很大，在民间广为传播，其派别一直保持到今天。道教对民间洞经古乐影响很大，巍山民间洞经形成了灵宝派和青微派。从地域上看，从甸中以下至县城属青微派，由巍宝山龙门派传授发展，甸中以上北至大仓、永建一带为灵宝教派，由江西龙虎山西河派传授发展。由于传承的流派不同，所以，巍山县城与大仓地区的洞经古乐的风格不同。县城一带的洞经古乐古朴、典雅、深沉、庄重、节奏缓慢，为大调式。而大仓地区的乐曲则节奏明快、旋律流畅，为小调式。两地演奏的乐曲，即使乐曲名称相同，其乐谱也完全不同。

巍山洞经古乐曲目丰富，现收集整理出的就

有近百首乐曲，部分乐曲尚待整理。这些乐曲的名称主要来源于唐宋大曲、元南北曲和祭孔的大晟乐，还有的来自明、清时令小凋、别具风格。

巍山洞经古乐的另一大特色是演奏使用的乐器和乐队的编配。在洞经古乐的活动中，祭孔的乐舞是一个重要组成部分，其他地方祭孔使用的是大晟乐，而巍山祭孔也使用洞经古乐。从祭孔活动的重要记载里，可追溯和考证洞经古乐艺术史，据《康熙蒙化府志·卷二》记载，当时祭孔用的乐器有：摩幡、镈钟、楹鼓、应鼓、柷、琴、瑟、编钟、龙萧、凤萧、凤笙、洞箫。从乐舞人数看摩幡、瑟、埙、凤笙抟推各2人；柷、大鼓、应鼓、编钟、编磬各1人；琴、笙、管、笛各1人；歌工11人；舞生48人，舞乐一共92人。可见当时祭孔乐队的庞大规模和所用乐器种类的丰富。

现在洞经古乐演奏使用的乐器还有：瑟、筝、古琴、琵琶、笙、箫、笛、二胡、中胡、大胡、大低音胡、丝弦、三弦、月琴、大阮、中阮、小阮、唢呐、大号、大筒等数十种民族乐器。现使用的打击乐器类有：青铜锣、铙、大钹、镲、小镲、云锣、磬、镈钟、小锣、碗锣、照面铛、闹子、木鱼、提板、碰铃、大鼓、中鼓、堂鼓等。还有被称之为“木铎”和“敔”的古老乐器，现已失传。编钟已不能配齐，只在文物管理所里有所保存。这些打击乐器使用年限均已在300年以上，非常珍贵。

2. 松下踏歌图

《松下踏歌图》在巍山县巍宝山古建筑群文昌宫内。文昌宫又名龙潭殿，因院落中有一潭清澈见底的“龙池”而著名，龙池中建有一座精巧古朴的文龙亭，亭的四周沿水面以上有八幅壁画，

文龙亭清代《松下踏歌图》壁画

《松下踏歌图》便是八幅壁画中最有价值的一幅。

《松下踏歌图》绘制于清代，真实记录了彝族先民朝山打歌的欢乐情景。壁画人物栩栩如生，虽然经历了数百年的风雨剥蚀，仍然清晰，色彩鲜艳、明亮。

踏歌又称打歌，是彝族等少数民族地区流行较广的一种民间艺术形式，无论婚丧嫁娶、吉庆佳节、生孩竖柱、街子庙会，人们都会踏歌起舞，用歌舞来庆祝美好的日子，用歌舞来纪念对亲人的思念。彝族打歌的历史比较悠久，据唐《蛮书》记载“少年子弟暮夜游行闾巷，吹壶芦笙，或吹树叶，用相呼召”。清《蒙化府志稿》所述：“婚丧宴客，踏歌时悬一足，作商羊舞。其舞一人居中吹笙”，形象地为我们描述了踏歌的场景。

据专家考证，《松下踏歌图》壁画主要为庆祝巍宝山龙潭殿修建完成，记录踏歌活动而作，绘于乾隆四十年7月（1759年）。画长约1.2米，宽约1米，是云南发现最早的古代踏歌图。画的上端是一棵苍劲的古松，古松上有几个松包，远景为青山明月。画面共描绘了40位人物，主体是34位着少数民族服饰的舞蹈者；人们围成一个大圆圈，抬左脚跳跃，男的大多头戴斗笠，身穿无领对襟衣裳，外罩长袍，脚穿云头鞋，成年女性头上盘着黑色或蓝色的包头布，上身穿绿色的套袖衣和金黄等颜色的无领褂，下身穿宽裤子，腰系有花边的围腰；圆圈的中间 3 人，1 人手执竹笛伴奏，2 人捧葫芦笙跳跃，如同今天打歌的情景；画的外围则是三位观者，1 人立于山边，1 人怀抱四弦琴，1 人手舞折扇，似乎在合着踏歌者的节拍观赏踏歌。

整幅《松下踏歌图》布局饱满，线条明快，动作形象，画面生动，充分体现了我国古代民间绘画艺术的独特魅力。特别是画面中的舞者，以传统绘画的水墨为主，墨的深浅不同表现了舞者服饰的不同，辅之以朱磦、藤黄等色，寥寥几种颜色，展现了清代少数民族服饰的特征。画中的 40 人，或立或舞，或跳或唱，或观或奏，动作尽管不同，但整幅画面欢乐的主题却洋溢在每个舞者的身上。《松下踏歌图》为研究 200 多年前的舞蹈和服饰文化提供了直接的图片素材，也是民族团结的鲜活记载。现存于北京故宫博物院的《松下踏歌图》摹本，1983 年曾经参加在北京展出的云南省少数民族壁画展览，引起了中外学者的关注，之后曾赴法国巴黎展出。

3. **彝族打歌**

“踏歌”又称“打歌”，彝语为“阿克”，是巍山地区流行最广的少数民族民间喜闻乐见的集体舞蹈。正所谓：“彝家户户有火塘，彝山处处是歌场”，无论婚丧嫁娶、飘梁竖柱，吉庆佳节，山林庙会，彝家人都要举行打歌。

巍山打歌有着深厚的群众基础。“芦笙一响，脚杆就痒。笛子一吹，调子就飞。”凡是有人群聚会的地方都要打歌。

巍山不同地域的打歌风格各不相同。初看打歌似乎平稳单调，其实不然。当打歌进入高潮时，那变化万千的舞步，优美的舞姿如菊花千姿百态。马鞍山打歌热烈粗犷奔放，场中关公刀翻滚有很强的战斗性，催人振奋；十六平

古城打歌图

摆显得轻盈娇美，恰似鸳鸯戏水；三翻三转的大转又犹如一套格外健美的技巧运动；有力的勾脚又似充满韵味的体育竞技。五印的打歌抒情优美，男子的下蹲全转，敏捷潇洒；女子的半转、全转婀娜迷人。东山的打歌，男女动作对比强烈，相互映衬，男子比较活泼跳跃，女子则含蓄典雅，特别是中间的双刀对舞又显得雄健威武，既是充盈音乐韵味的优美舞蹈，又是刚健的武术。青华的南山弦子歌显得别具一格，彝家打歌中唯有它用汉语唱调，祭祖打歌时还要在场中摆设三牲供品和点燃香钱纸火，笛声婉转，三弦铮铮，女子手捧羊皮，步步典雅，动作前后大幅度摆动，造型大方优美给人以深刻的印象。巍宝及云碧一带的打歌，既有马鞍山打歌及五印打歌的特点，又有自己独特的个性。巍宝山打歌则蕴涵了更多的历史色彩。每年农历二月初一至十五，巍宝山山会期间，附近的彝族群众都要聚集在一起举行打歌。

巍山丰富的民族民间歌舞艺术，传承千百年，构成了丰厚的文化积淀。20 世纪 50 年代马鞍山的青云打歌就进了北京，向首都人民献艺，滇池湖畔多次留下了彝家人打歌的身影，苍洱之滨彝歌荡漾，巍山打歌多次夺魁。20世纪80年代巍山彝家一行12人以云南民间艺术团的身份东渡日本，参加东南亚民族民间艺术节，先后在日本的东京、大阪、名古屋等六大城市公演，受到了国际友人的热烈欢迎。

4. 滇戏

滇戏又称滇剧，明代以后由内地传入。滇戏传入巍山的年代，约于清光绪初年，滇戏“福寿班”“福庆班”先后在巍山县城城隍庙戏台演出。到1920年左右，蒙化县知事曾约请昆明滇戏演员李飞海、刘子成等到巍山县城来唱寿戏，戏台搭在十字街，唱过《定军山》《目莲救母》等。后来戏班就在县城经常演唱，售戏票维持生计。1930年，滇戏“黄小卿班”到巍山县城，唱过《孟丽君》《大劈棺》等剧目。在外来戏班的影响下，巍山县城的滇戏爱

巍山滇戏演出

好者于光绪末年，组织起了蒙化“玩友班”，经常演唱的剧目有《碧玉簪》《古玉杯》《大劈棺》《秦香莲》等。1940年后，“巍州雅集社”“蒙化青年剧社”相继成立，演唱剧目主要有《八义图》《保国图》《大斩子》《九华宫》《狸猫换太子》等。1953年，巍山县成立了业余滇剧团，演出了《北京四十天》《美人计》《秦香莲》《木兰从军》等。1954年推行义务兵役制时，演出了《木兰从军》，对义务兵役制的推行，发挥了积极的作用。1956年，在业余滇剧团的基础上，成立了“巍山滇剧团”，以拱辰楼作为剧场。除演出传统剧目《画皮》《秦香莲》《薛仁贵征东》《薛丁山征西》《狸猫换太子》《西游记》等外，还创作了在巍山流传的与南诏统一有关的民间故事，如《火烧松明楼》等，并把巍山洞经音乐加入第五场《会盟祭祖》及最后一场《祭夫投海》中，连演8个满场，创巍山历史上滇剧演出场次的最高纪录。

巍山演出滇戏的古戏台有城隍庙戏台、萧祠戏台、龙泉寺戏台、石牌坊戏台、龙王庙戏台、西河桥戏台、庙街盟石戏台、大仓土主庙戏台、大仓观音寺戏台、永建巡检寺戏台、拱辰楼戏台，今天留下来的极少。不过，古戏台上有几副对联至今还在民间流传：

大花脸耀武扬威，如果杀人还了得；

小旦角装模作样，是真女子岂能容。

富贵荣华不过石火电光，愿世人休在戏中作戏；

忠孝烈节实乃天经地义，望我辈需从真里寻真。

四五步走尽天下，六七人百万雄兵。

5. 巍山花灯

明初，汉族大量进入巍山，中原地区正月十五闹花灯的民间习俗逐步在巍山流行，活动中又融入了彝族打歌的一些技巧和彝族山歌的部分曲调，形成了具有地方文化特色的巍山花灯。到民国初年，全县花灯有了较大发展，艺人辈出，剧目不断得到丰富，能普遍演出折灯小戏。弥渡县的花灯班，经常到巍宝山、圆觉寺、玄龙寺庙会上演唱，促进了巍山花灯的发展。1958 年开始，各地农村普遍兴办花灯演出队，并举行全县花灯会演。

巍山花灯主要流行于汉族生活的坝区及部分山区。活动的时间为每年春节时正月初二至二月十五，一般与龙、狮灯、杂耍、高台社火等同时进行。活动时要举行“接灯”“送灯”仪式，供奉灯神牌位。灯神的称谓各有不同，有的牌位写为“敕封当年得道老郎君位”，有的写为“敕封灯神之位”，有的又写为“老郎神花灯台密祉三姐”等。花灯班的组成，少则一二十人，多则数十人。接灯时按照择定的时间，灯班全体人员化妆后到河边或水塘边，举行简单仪式，然后敲锣打鼓，舞着唱着，迎接灯神回村。灯神一般供奉在本村祠堂或寺庙内，每日由灯头供茶敬水，香火不断。灯神接回后即开始玩灯活动，农历正月初二、初三，先本村后外村进行表演，然后到县城游街表演，向各机关单位拜年。花灯队以锣鼓、钹、镲等打击乐为前导，接着是4盏牌灯引路，牌灯上画有虎头，写有“风调雨顺”“国泰民安”“五谷丰登”一类吉祥语。后面是4个由十四五岁男孩装扮的手提花灯的姑娘，灯后扮一老丑，头戴卷边草帽，身穿羊皮领褂，左手扛长把伞，伞上挂一串膏药，右手拿拂尘，裤脚一只高一只低，脚杆上画有黑白圆圈，嘴皮搽白粉，表示“白讲白说”。有的则戴笑面和尚面具扮作老丑。老丑引导着4个十几岁男孩装扮的旗人姑娘，头戴插花，一手提绣花巾、一手持扇，演唱花灯小调和花灯歌舞表演。也有彩船、蚌壳、仙鹤、凤凰为道具，彩船由小生、小旦挂在肩上，老丑持桨在前，划船引导，蚌壳、仙鹤、凤凰则伴着花灯曲调做舞姿优美的表演。还有的以“火驴子”为道具，生角牵驴，旦角骑驴，对唱花灯小调或山歌。正月初九玄龙寺松花会，正月二十六至三十日天摩牙寺庙会，直到农历二月初一至十五日巍宝山山会期间，各地花灯班都要赶会参加表演。花灯班到县城和其他村子演唱时，要先送灯帖，再由龙灯、狮子等引导逐户庆贺。花灯场面的大小，往往反映出农村年景的好坏。丰收之年，花灯的场面就很热闹。如果遇上灾荒之年，生活困难，花灯活动也随之缩小规模甚至停止。这样，花灯又叫“太平灯”。

在巍山，花灯不仅是春节及重要节日期间的一项群众性的活动，专业队伍还对其进行排练加工，创作上演，使花灯影响广泛。1950 年后，先后创作了《洋雀调》《月儿弯弯照巍山》《放羊调》等花灯小调。1954 年，国庆时在县城大操场万人大会上演出了《送四门》《玉药瓶》《双采花》等花灯歌舞。1958 年，大仓花灯队创作演出了花灯歌舞《耍巍山》《耍铁厂》《农村变了样》《万盏明灯照福庆》等。1970年后，县文工队创作上演了花灯剧《归家》《属牛的人》《村头树下》《请木匠》《顶风锤》等。同期上演的花灯剧《半把剪刀》好评如潮，标志着巍山花灯艺术已发展到较高的水平。

巍山花灯，经过多年的保护传承，其活动形式和剧目内容不断创新和发展，形成地方民间文化中一朵艳丽的奇葩。

6. 彝族山歌小调、唢呐调

唢呐属于木管乐器族内的吹孔簧鸣类乐器，为双簧乐器。它是一种历史久远的传统民族乐器，自明代起就已广泛流传于民间。在巍山，唢呐演奏曾是群众喜闻乐见的传统民间艺术，尤其是彝族地区，但凡婚丧事、庙会、建新居等活动时必吹之，且多结合习俗应景演奏，颇具地方和民族特色。

唢呐在巍山彝语中名为“的挪”（音），汉语方言习惯称之为“鼓吹”（鼓起腮帮吹奏的形象表述）。唢呐何时传入巍山已无据可考，从一些颇有古风的曲调名（诸如“将军令”“梁祝”“贺上朝”等）可以推测，应是从中原地区流传进来，融合了地方元素的“杂合体”。茶马古道是唢呐文化的传播带。从唢呐艺人的分布情况看，县内犀牛渡、茶房寺、举雄、鼠街、二台新村、麻秸房等茶马古道必经之地的村寨都盛行吹唢呐，多有名师。再从唢呐调的社会功能看，喜调中的“大过山”“西大过街”等传统调子主要是用于避邪或是提醒闲人勿扰的，“将军令”则是表现古代将军升帐时的威严庄重、出征时的矫健轻捷、战斗时的激烈紧张。这些调子联系马帮的生存环境，特别是“将军令”营造了“空城计”的效果以壮成威，都是为了防止马帮免受“外界”侵扰。

唢呐吹奏艺术沿着茶马古道传至巍山县牛街乡黑惠江（漾濞江下游）沿岸村庄的时候，通过部分艺人的吸收、整合、创新和推动，造就了独具巍山地方特色的唢呐文化体系。民国年间，唢呐曾在黑惠江流域盛极一时。境内至今还流传着传统的蒙化（巍山旧称）调和顺宁（凤庆）调，这得益于它特殊的地理位置。牛街乡以黑惠江为界，地处三地州（大理、临沧和保山）、三县（巍山、凤庆和昌宁）交界处，通过两岸艺人的相互交流和学习，在这一带形成一个局部“涡流”，并以此为中心，向周边及内地广大农村传播。牛街乡境内爱民村委会利皮村的茶思贤(生于民国年间，现已过世)，艺名阿五丙郎，是行内公认的大师级人物，新中国成立后曾先后到州、省以及北京参与演奏，因即兴创作、演奏“全国人民大联欢”调受到国家领导人的好评。

在巍山唢呐演奏艺术发展的鼎盛时期，演奏队伍一般由 8 人组成，分正副两班。正班携红旗、副班执蓝旗。乐队要配齐双螺号、双大筒、双长号、双唢呐（俗称“四大件”）等主要乐器，并以铙、钹、鼓、锣、笛子、二胡、闷笛配合唢呐演奏，演奏时讲究“鼓铙一音，钹锣一致”。如此庞大的队伍、如此复杂的乐器，演奏起来却有条不紊，不亚于一友训练有素的乐队。时人形容：“神手二指朝天阙，金瓜（比喻头颅）略俯高脚排。”随着社会发展，农村娱乐形式呈现多元化，唢呐受众群体萎缩，唢呐演奏也逐步衰落，当年的风光已成明日黄花，只留存于年长者的记忆中了。今天流传于巍山的唢呐一般有 2 人组成，最多 4 人，四大件中很少出现螺号，辅助性乐器鲜见笛子、二胡、闷笛等，多演奏应景的唢呐调。

今天流传下来的巍山唢呐调根据婚丧事分为喜调和忧调，各“四大柱”（即视为台柱的调子），其中喜事“四大柱”为压棚、扎棚、拆棚和闹棚；忧事四大柱包括出白、进白、器白和劝白。此外，根据类型分为花腔（小调）和板腔（大调）；根据地域划分为蒙化调和顺宁调；以黑潓江为中心分为上江调、夹江调和下江调。

7. 高台社火

巍山高台社火由内地传入，是一种汉族民俗活动，一般于每年正月举行。与高台社火同时进行的还包括高跷、推推车、赶毛驴、花船、秧歌队、彩车、腰鼓队表演等，涉及表演、造型、语言、彩绘、手工制作等多种民间艺术。

高台社火的结构大体上分为底座和铁芯子两大部分。过去的底座为木结构，类似一个小巧的四方体舞台，在底座四周有4根抬杆，8个壮汉可以将整个高台抬起。到了后来，经过不断的改进，才演变为现在可以安装在架子车上推着前进的底座。在底座的中心位置安装有扁铁打制的铁芯子，铁芯子高3米以上，上面安装了根据戏剧情况设置的踏板，这几个踏板是让扮演戏剧人物的小孩站立的。每年站社火之前，必须选择站社火的少男少女，这些少男少女一般都要长得清纯可爱、健美胆大。选好之后，让他们穿着行头，化妆成戏剧中的人物，然后将他们抱到踏板上，双脚套进踏板上事先设置好的脚套内，再用布条把腰部绑紧在铁芯子上，让小演员可以放心大胆地在高台上表演出优美的舞台造型。铁芯子经过巧妙地处理，已经把它变化为戏剧场景中的道具组合部分，底座经过精心装饰也变成了舞台装置中的一部分。一架高台，一台场景，就是一台戏。这些戏剧场景主要有《孙悟空三打白骨精》《武松醉打蒋门神》《穆桂英大战洪州》《船舟借伞》《洞宾渡牡丹》，以及南诏故地的民间传说《老君点化细奴逻》等。

与社火配套的还有跳猫猫、跳麒麟和踩高

巍山高台社火展演

跷。高跷的高度在三四尺左右，而伴社火的高跷高度有 7 尺，且要经过专门训练。这些踩高跷的男子也化妆成戏剧中的人物，其中有两副高跷难度最大，一副是寿星骑白鹤，一副是闷头凤。寿星骑白鹤的高跷需要踩高跷的男子化装成寿星，并将扎制裱画好的白鹤套在腰部，再来固定高跷；而踩闷头凤的则需要将一个竹篾和纸扎制裱好的重量在几十斤的凤凰顶在头上，罩住上半身，穿上表示凤凰双脚的裤子。踩着高跷在街上行走时，必须将凤凰好好顶住，不能露出人身，有一定难度。

所谓的“跳猫猫”其实就是跳老虎。虎属猫科动物，乃百兽之王，过年跳虎意在借虎驱邪，巍山百姓俗称“跳猫猫”。麒麟是传说中的瑞兽。用竹篾和纸扎制裱画出虎和麒麟的头部及臀部，头部和尾部用布料分别画成虎皮和麒麟皮相连起来，人钻进去站立起来时，纸老虎、纸麒麟的高度都在两米以上，个头很大。表演时，分别由 4 个身强力壮的男子钻进去，以“虎皮”和“麒麟皮”遮住全身，一人在前撑住虎头、麒麟头，一人在后充当虎和麒麟的下半身，收束妥当后，两人同时站立，走步、跳跃动作要和谐统一，以显出虎和麒麟的威风。

高台社火及相关表演是巍山每年春节的大戏。表演开始后，在锣鼓声中，猫猫、麒麟在前开道，高跷紧随其后，后面压阵的才是高台社火，一队游动的喜庆欢乐的队伍便浩浩荡荡地向古街走去。古街上人头攒动、摩肩接踵，大家纷纷涌到社火队伍的两旁争相观看欣赏。

巍山的高台社火是云南民间艺术中的奇葩，是一种别开生面的艺术表现形式，它融合了我国古代的杂技和戏曲的表演成分，极具观赏价值。

8. 民间口头文学

流传在巍山的民间口头文学十分丰富，主要有传说故事、歌谣、谚语、歇后语、笑话等。巍山自南诏前期，即接受了中原文化。明洪武中期，汉族大量进入巍山，带来了中原地区的民俗风情和民间语言，和当地民族的民俗语言互相融合，形成了大量既有地方民族特点并有中原文化气息的方言、谚语、歇后语在民间口头流传。

1958 年，巍山对全县流传的民间传说故事进行过收集整理，编印《巍山民间故事选》4 集。1961 年，云南省民族调查组到巍山进行民族调查工作时，又对巍山彝族族源、迁徙、南诏历史等方面的传说故事进行收集整理。1981—1989年，巍山再次发动开展民间传说故事收集整理工作，选编了《巍山民间故事选》6集。1984年，根据国家文化部统一部署，成立了巍山县民间文学集成领导组及办公室，对全县民族民间传说故事、歌谣、谚语、歇后语展开普查。这次普查发动面广、内容丰富、时间长、收获大。收集到民间传说故事200多篇，计90多万字，编印并上报了《巍山县民间故事集成》。收集到的传说故事主要有以下类型：1. 南诏传说故事《六诏的传说》《细奴逻下凡》《接三公主》《盟石村的来历》等；2. 杜文秀起义的故事《杜文秀拜旗》《留一村》《王乡绅和杜文秀》等；3. 人物故事《左土司斗龙》《担当和尚的传说》《石棺材》《杨状元趣事》等；4. 龙传说故事《小黑龙》《祭黑龙》《小黄龙显身》《逐龙记》等；5. 寺观名胜传说故事《巍宝山与封川塔》《伏虎寺》《巍山的由来》等；6. 风俗传说故事《打歌的来历》《芦笙的故事》《清明节插柳》《二月八》等；7. 物种起源故事《谷种的故事》《鸡素果的故事》等。在此基础上，2002 年出版民族文化系列丛书《南诏故地的传说》。2005 年作为中国民间文化遗产抢救工程，由国家出版《中国民间故事全书·巍山卷》。在普查的基础上，1989 年分为彝族、回族、白族、苗族、汉族歌谣，汇集成《巍山民间歌谣集成》。

1990 年，对收集到的谚语、歇后语进行整理，对谚语分时政类、事理类、修养类、社交类、生活类、自然类、生产类连同歇后语编印成《巍山民间谚语集成》。在此基础上，巍山县于 2005 年将歌谣分劳动歌、生活歌、南诏遗址歌、仪式歌、苦歌、情歌、儿歌篇目，谚语分生产、社会、生活篇目，连同歇后语，作为民族文化系列丛书，出版了《南诏故地的歌谣和谚语》。

9. 巍山农谚

巍山历史悠久，文化灿烂。巍山汉族在长期农业生产劳动中，积累了许多切合实际且生动有趣的关于农业生产方面的顺口溜、谚语，总结了丰富的生产经验和耕作技术。关于农业生产方面的谚语有：

手中有粮，心里不慌。

十年练出个文秀才，十年练不出个“田秀才”。

庄稼教人教到死，读书种田一般苦。

贴本的生意可以不做，贴本的庄稼不得不盘（种）。

荒田如借债，种田如念经，节令要记清。

春行不等客，节令不等人。

寒露种豆，霜降种麦。

立夏栽秧压断腰，夏至栽秧轻飘飘。

白鹭早，寒露迟，秋分种麦正合适。

谷雨前后，种瓜种豆。

夏至五日前，剩秧不犁田；夏至五日后，家家秧不够。

谷子扬花正要雨，苞谷扬花正要风。

清明杀豆子，立夏杀麦子。

顺水麦子，逆水豆子（豆子指蚕豆种子）。

土改人翻身（土改指新中国成立初期的土地改革），改土田翻身。

深耕有三好，改土灭虫又除草。

豌豆一条根，总要耕得深。

春耕深一寸，如同上层粪。

土块晒得够，秧根发得够。

千买卖，万买卖，不及老汉翻土块。

山地一片坡，不及坝子一角落。

高处一块，不及洼地一拐。

都是说种庄稼山地不如坝子，高处不及洼地。

种子年年换，产量节节高。

有人认得土盖土，世代出来做财主；有人认得沙盖秧，世代出来谷满仓。这是指铲排秧和沙盖秧的育秧方法。

三干不抵一湿。（指三亩干粮不抵一亩水稻）

好荞不及害麦子，好麦子不及害高粱，好高粱不及害苞谷，好苞谷不及害黄皮，好黄皮不及害麻线（黄皮、麻线是传统稻谷品种）。

犁田赶马三只眼（指犁田和赶马一样艰难复杂，要加倍小心）。

犁田种豆，起沟种麦。早栽三天，不及捂秧一七（秧指“稻秧”）。

早上栽秧晚不同，不会栽秧按三按，若会栽秧一歇上（歇：方言指“插”）。

栽秧要抢先，割麦要抢天。

密密实实，不够老母鸡吃；稀稀松松，不够过冬。（栽秧要合理密植）。

若要富，埂子上抖得下一张铺，是说埂子要

宽田才不会漏水。

灌溉不整地，费水又费力。

有收无收靠水，少收多收靠肥。

农田建设在干冬，兴修水利莫放松。

冬天比粪堆，夏天比谷堆。

人养猪，猪养田，田养人。

春送千车粪，秋收万担粮。

庄稼一枝花，全靠肥当家。

盘田要粪，煮菜要油。

害秧不害谷，只要底粪足。

撒粪撒得早，谷子长得好。

地需晒透，粪要捂透。

要想工效高，农具改良好。

粮食不到手，管理不能丢。

有虫治，无虫防，庄稼一定长得强。

荞三麦六，菜籽打滚就出。（指种下去的荞3天就出土，麦子6天出苗，菜籽更出得快）

苞谷不用巧，只要头道锄得好。头道搜根，二道垒根。（指锄头道苞谷一定要把杂草全部锄死，二道在苞谷根上施肥，土垒拢苞谷根，把肥料盖严，苞谷就长得壮实）

一天一转，水满苗壮；三天一转，虫咬苗滥。（指对秧苗的管理要勤快）

庄稼不离田头，生意不离行头

谷怕秋来早，人怕老来穷。

谷浇头，麦浇小，豆子浇花不浇角，贼麦子、憨洋芋。（指麦子着不得潮容易出芽，洋芋管理方便）

庄稼不用夸，只等上扬叉（上扬叉指“打场上”）。

八成熟，十成收；十成熟，二成丢。（指等庄稼全部成熟才收割，籽粒就会自行脱落，不能百分之百的收回家）

麦倒一包糠，谷倒胀破仓。

眼怕手不怕，手到一片倒。（是说割庄稼时要有决心，眼看着害怕，实际做起来很快。）

三月麦子连浆割，十月谷子带水抖。（指要抓住节令抢种抢收）

大田抖了300斤，小田坏了斤打斤（指大田歉收能收300斤，小田歉收连种子都收不回来）

夏至忙忙，点火栽秧。（就是指连夜干也要在夏至前把秧栽完，说明抓住节令的紧迫感）

寒露豆子霜降麦。（指寒露节令是点蚕豆的最好时机，霜降节令是种小麦的最佳节令）

鸡荒饿狗，马年谷子喂牲口，属马年广种田。（指属鸡和属狗年庄稼不好灾害多，属马年是种庄稼的好年成）

（三）工艺美术

1. 巍宝山古建筑泥塑群

巍宝山是中国 14 座道名山之一，有众多文物古建筑，宫观庙宇星罗棋布，各庙宇塑有各具特色的民间泥塑神像。据粗略估算，巍宝山约有泥塑（包括主尊、辅尊）共计约 300 尊，是较具规模的、宗教精神突显的泥塑群。

巍宝山泥塑群，早期主要以铜铸为主，“文革”时塑像损毁严重。从20 世纪80 年代开始，逐步得以恢复和有效保护。这个庞大的泥塑群，

长春洞主殿泥塑

由巍山当地传统的民间手工艺人塑造，与巍宝山众多文物古建相辅相依、相得益彰。

巍宝山泥塑群的塑像内容，大部分为道教诸神，其次为佛教诸神，还融合了巍山独有的本土文化，形成多种传统文化共存的现象。巍宝山古建泥塑群具有深刻的历史文化内涵，也以实实在在、栩栩如生的泥塑群像，记录了巍山民间传统的文化和工艺。

泥塑群依托宗教精神，主体塑像为中国两大传统宗教——道教及佛教，但是在漫长的历史进程中，逐步融合了本土的传统文化，如在土主庙供奉的南诏第一代王细奴逻，即与巍山是南诏国发祥地的历史直接对应，同时也和巍山传说中“老君点化细奴逻”有密不可分的关系，而道教风格有集中体现的青霞观，供奉的即是道教的鼻祖太上老君。三是兼融了巍山当地独具的民族风俗，如在文昌宫中供奉的文昌帝君，巍山民间即有如果子女读书上进，考取大学，即来朝拜的风俗。

另外较有代表性的宫观庙宇，如长春洞(玉皇、雷祖、真官）、斗姆阁（斗·姆天尊）、巡山殿（南诏始祖细奴逻、白族三公主)等较具代表性的地方，都分别供奉神像，形成多种传统文化自然融合的文化内涵。

这些泥塑群，从美学角度来看，沿袭了中国民间传统美术的精髓，形象逼真、色彩鲜明、比例协调、风骨饱满。是巍山文化遗产的代表。

2. 巍山扎染

巍山民族扎染历史较为悠久，相传早在1000多年前的南诏时期，土著彝民就结合简单的天然植物染色法与民族图案制作民族服饰，并以民间作坊式的传承方式流传下来。明清时期，由于巍山手工织染业的发达，促进了民间扎染艺术的发展，这一时期家庭作坊式的生产盛行。1956年，巍山创办了当地的第一家扎染厂“民族织染厂”，标志着巍山扎染从民间零散的作坊式生产转向工业化生产。民族扎染逐步走上了多元化发展的

巍山扎染

道路，渐渐成为巍山县的一项支柱产业。目前巍山县共有十一家扎染企业。产品远销日本、欧美、东南亚诸多国家，深受人们的喜爱。巍山扎染于1985年首次在北京国际贸易博览会上展出后，多次获国家级、省级表彰，并有两名扎花工应邀出席参加了1992年日本名古屋召开的世界绞缬技术交流会。

巍山扎染工艺繁复，每件成品的完成要经过几十道工序。其工艺流程可分七步来完成，即：选料—印花—扎花—脱浆—染色—拆线—漂洗。

选料：选取手工纯棉布、麻、纱、丝绸等优质布料。

印花：用有色面浆把设计好的图案印在布料上。

扎花：这是一道最讲工艺性的工序。按照图案用不同的针法缝扎出花纹图样案，不同的花纹有不同的针法。

脱浆：用热水除去布料上所附着的面浆。

染色：将布料投入染缸浸染，通过植物染料多次反复浸染，颜色深入布料，显现出不出层次的深度。

拆线：染好后的扎染布晾干后，手工细拆去上面的线。

漂洗：将扎染投入水池中反复漂洗，漂洗这道工序须由经验丰富的工人完成，洗不够或洗过头都会影响扎染布花纹的成色。

经过层层加工后成品的扎染，具有很高的艺术审美价值。代表性的图案有喜鹊、梅花、龙凤呈祥、松鹤延年、阿诗玛等，富于民族气息和传统寓意。

巍山扎染现在的生产方式主要是以工业化生产为主，但是其中最重要的工序都保留了最传统的手工特点。巍山扎染在发展的过程中，融汇了本土原生文化、传统文化和现代文化、外来文化，并不断发展，创造了具有浓烈民族民间传统艺术的扎染艺术之花。2004 年，巍山被国家文化部授予“中国民间扎染艺术之乡”的称号。

3. 巍山彝族服饰

巍山彝族服饰在漫长的历史发展过程中，经过了若干代彝族妇女的创造、传承和发展以及长期的积淀，形成了既有浓郁的民族特色又有突出的地方特色的服饰文化。它集艺术性、历史性以及实用性于一体，蕴含着丰富的历史文化内涵及深刻的审美观念。

巍山是南诏国的发祥地，现代的东山彝族服饰明显保留了南诏贵族服装华美艳丽、雍容华贵之遗风。其基本款式为衣裤式，以黑、蓝、绿布为底料，刺绣工艺精湛，图案变化多样，文化内涵丰富多彩，饰物华贵靓丽。如青年女装：头戴银泡帽或裹包头，上缀五彩璎珞、串珠等饰物，坠银耳环，着右衽大襟衣，前摆短后襟长，有的缝制套袖，外罩齐腰蓝领褂，腰系围腰，臀后垂五颤六色的飘带，下着绿彩裤，脚穿绣花鞋，肩挎圆形绣花团毡。领口、袖口、襟边、前胸、后背、围腰、团毡、裤脚、鞋面镶嵌多层金丝银辫或刺绣多层花纹图案。与巍山巍宝山文龙亭清代壁画《松下踏歌图》颇为相似。

巍山彝族服饰

巍山彝族女装刺绣工艺精湛，花纹图案变化多样，内涵丰富。绣花的方式分为排花、穿花、按花、堆花、贴花等，刺绣的工艺主要有挑绣、平绣、叠绣、结子绣等，镶边有镶嵌、锁边和流边等。通过上述方法把各种花纹图案缝于衣服上。当地彝族的图案均取材于日常生活所熟悉的题材。动物图案有虎头纹、蝴蝶纹、蜘蛛纹等；植物图案有花草树木，如石榴花、瓣形花、八角花、山茶花等；装饰类图案如波纹、涡纹、火纹、菱形纹等。这些图案有的有吉祥如意、驱邪祈安、期盼幸福、追求完美的蕴意；而虎头、蜘蛛、火焰等则反映了彝族自然崇拜、祖灵崇拜、祖先崇拜等观念。

巍山彝族服饰具有明显的标识功能。主要体现在已婚与未婚的标识。如龙街彝族服饰：未婚女子发编两辫，戴月形凉帽，外缠蓝、黑色绕子，白色包头；已婚妇女，头戴白绕子，长发编成一条与白绕子相裹，其外包黑布包头。又如谷波罗彝村服饰：已婚者，衣服多为漂蓝色，发辫不外露，常盘于头顶上，外加包头。耳坠环比较大，下坠如铜钱的一片玉片，有的尚配以秋叶；未婚者也打包头，但发辫露在外，服装颜色较醒目。裹背小巧玲珑，长约9寸，宽6寸，主要作为装饰品。

耳坠为小环，分“福字环”“石榴环”等式样。

彝族饰品也独具特色。彝族妇女的饰物以银器为主。饰品主要有银泡、耳坠、耳环，“别子”“菱角吊”、银链、银针筒、银手镯、戒指等。银质饰物的多寡代表富有、华贵、财富的程度。多雨村麻秸房村彝族女装典雅古朴、浓艳秀丽、银饰物式样多，特点突出，其每套价值高者达二、三千元，村里妇女总喜欢自豪地说：“家产就在身上”。其他质地饰物还有珐琅、铜、玉以及五彩缨穗、料珠、毛线、亮片等，也颇具特点。

彝族妇女服饰上的团毡小巧玲珑，独放异彩。巍山东山一带彝村妇女，不论老幼婚否均背挎圆形“裹背”，系以羊毛擀制而成，直径尺余，内外两层，中可承物，传统裹背不包布面，直接在白毡上用黑线绣两个圆形或两个长方形图案。此类团毡仅在巍山彝族妇女服饰中独有，云、贵、川、桂四省其他彝族服饰中均未见。

巍山彝族妇女服饰，在裁剪缝制时，着眼于“隐”，这在彝族妇女的服装上表现尤为突出。例如：彝族妇女，不管已婚未婚，都特别注重胸前和腰的装饰，装饰手法有刺绣精美的图案，有用亮片或银泡镶成的图案花纹，还有多种多样的银质、竹质和骨质做成的重挂物。这些装饰品实际上都是彝族最精致的手工艺术品。妇女们穿戴这样的服饰走过，那叮当作响的银泡挂链，那闪闪发光的图案花纹，使人视线无法转移。彝族妇女的贤惠和聪明才智，就表现在她们制作自己的服装时，把各自的追求、向往都融于一体，集中在她们的服饰里表现出来，具有更深刻、更含蓄的美。

巍山彝族服饰具有鲜明的民族特征，它是中华民族服饰文化中一支绚丽的奇葩。它的花纹图案是勤劳的彝族人民在生产、生活、宗教、风俗礼仪及历史中的体现，是民族文化的重要组成部分。

4. 巍山刺绣

巍山是多民族聚居之地，民族文化异彩纷呈，刺绣作为一种古老的手工艺而世代传承。巍山彝族的刺绣以服饰为主，始于秦汉时期，定型于南诏时期，以后各朝都有发展变化。巍山的许多彝族村寨因为民族、环境、历史和习俗，至今还沿袭以女孩手工绣的精美程度来看一个女孩的心灵手巧程度，彝族妇女都是天生的绣娘。许多彝族妇女把刺绣作为副业，手工刺绣的包头、帽子、围腰、马甲、衣服、裙子、挎包等服饰，其工艺独特，构图精美，色彩艳丽，寓意深刻，一针一线蕴含着彝族女子对美好生活的追求和向往，具有很强的使用价值、观赏价值和收藏价值。

巍山的彝族刺绣集中体现出了本民族的审美观。在服装刺绣中，不同部位有着不同的花样。“腕袖”（上衣袖口），通常情况下多饰以含有平安、吉祥、如意的连续图案。“领口”，刺绣中大多是如意云，饰以花卉图案。“裙子”，前后各一片，常常嵌边、绣花，而颜色多为黑、蓝、红色的底。“上衣”，绣花多在胸口，常用图案有鱼戏莲、牡丹花等。“顶子”，常在上面堆绣蝴蝶、莲花等图案。“鞋”帮子上，多绣以蝶恋花、蟾宫折桂等图案。“凉冠”是妇女夏天束发用的，常常以黑底绣花，甚为

回族传统刺绣

精致。农村儿童的“兜肚”，多是红色镶边的绣花，一般饰有莲生贵子、富贵长春等寓意吉祥、繁衍的图案。也有绣五毒虫，以取毒不近身的意思。“童鞋”，男孩多为老虎鞋、前为虎头、侧有虎足、后有虎尾，向上掀起。在前面绣一绿色蟾蜍的名为蟾鞋，含有“蟾宫折桂金钱落地”之意，这些都与当地民情风俗有关。女孩子的鞋子造型与男孩子相同，只是鞋前绣花图案取吉祥、欢快、饰以含有寓意的花鸟图案。

巍山回族是擅长刺绣的民族。“一岁两岁吃娘奶，三岁四岁离娘怀，五岁六岁随娘转，七岁八岁学针线”，回族妇女学习刺绣技艺的习惯代代相传，“春耕夏锄冬绣花”是对巍山回族妇女的刺绣生活的真实写照。由于受伊斯兰文化艺术的影响，回族刺绣在人物造型、图形结构、针法色彩、绣品种类，甚至用途等方面都有独特之处。

巍山回族妇女喜欢称刺绣为“撒花”，长期以来多以“闺房绣品”的面目出现，除带有浓郁的回族文化特色外，还带有几分神秘的色彩。巍山回族女孩还在很小的时候，长辈就要手把手教她们撒花，从起针走势、构图配线到谋篇布局，无不言传身教。回族女孩学会刺绣后，她们会为父母、兄姊绣白帽、绣面纱、绣脚布手巾、绣鞋垫，为侄儿侄女们绣小“撒花鞋”、虎脸帽、小马甲、口水兜等等。

巍山回族刺绣构图精巧，色彩明快。回族信仰伊斯兰教，伊斯兰教义禁止偶像崇拜，不在造型艺术中独立表现有生命的人、动物等实体造型。在构图时，回族妇女凭借自己的聪明才智，巧妙地把大自然的美景纳入绣件之中。她们在绣动物时不单独表现动物实体，而是先把这些动物作简笔画处理，或者作十分抽象的写意处理之后，再将其绣成各种错综复杂的图形，使动物形体交织在花草图案中，形成一种视觉模糊的图案，或使之成为整个图案的一部分。在绣花卉时，则追求形象逼真，无论是玫瑰花、牡丹花、荷花还是简单的一草一叶，从配色到走针都非常用心，绣出的作品形象逼真，色彩鲜艳，立体感强，活灵活现。她们还善于通过变形和色彩变化，给人以视觉冲击。同样的构图，通过色彩变化，能给人以不同的艺术享受。

5. 甲马纸

明清时期，中原汉族地区有一种“甲马”，

即“俗于纸上画神佛像，涂以红黄彩色而祭之，毕即焚化。”最早是白族先民引进了汉族的“甲马”，用这一形式来表现自己的传统民族文化和信仰。今天的“甲马纸”，无论是在制作和内容上都与中原汉族地区的“甲马”有了严格的区别。巍山县的甲马纸是从大理白族地区的民间传统祭祀用途传播过来。甲马纸实质上就是木刻黑白版画。它的制作是先用毛笔画出来，反贴在木板上，严格按照画稿去雕刻。刻好后，再刷上油烟，用红、绿、黄等颜色的纸印刷出来。作为一种民间美术，甲马纸风格朴拙、厚重、具有农民画的特点。巍山甲马纸造型简练，人物造型一般用正面像，动物多用侧像。制作中采用镂空的刻法，取舍大胆，体现了民间原始的信仰崇拜，图案比正统的佛教艺术更为活泼，也更贴近于乡民的日常生活，是一种原生态的民间美术遗产。过去仅作为祭品形式在民间流传，近年来不已断引起美术界的关注，并有一些研究文章散见各报纸杂志。

甲马纸在应用时有明显的针对性，某种甲马纸在什么情况下烧送，有一定的规矩。主要分为贴和烧两大类。贴的是家中供奉的诸神，如灶君、厩神、喜神等等。烧的是专管人间灾祸、安宁的神和鬼，如夜游神、白龙、牛头马面等。甲马纸的用途涉及民众生存的自然环境，从事的主要活动，自身的生活习俗、伦理道德、审美观点、艺术歌舞等各个方面。

甲马纸是有艺术表现力的民间美术，它的创作范围以及使用范围都仅仅局限于祭祀活动中，对它的艺术价值还需要不断地挖掘和传承。

6. 盒子灯

燃放烟火是巍山县传统习俗，逢年过节，特别是春节和火把节，除各家各户燃放烟火外，还有村寨城镇集体举行燃放烟火的活动。巍山生产烟花爆竹历史已有 100 多年，畅销全省各地。

巍山盒子灯属于民间手工流传。据资料记载，民国时期，由四川迁居巍山的民间艺人李遇春制作发明了盒子灯，从此深受人们喜爱。巍山盒子灯属于民间彩扎美术中的一种。民间老艺人采用竹篾、纸等材料，熟练编扎成一定形状的手工艺品。通常如火把节时可以插在火把头上，点燃后放出层层焰火，有一些人物造型结合了民间传说中的故事。

巍山盒子灯是以竹篾扎成分台的六方形或圆形框架，再分台串联破灭安装上各种烟火。烟火由烟花、爆竹、冲天炮、地老鼠等各种花样的易燃易爆的爆竹烟花组成。在每层的烟火中，在发条的控制下，还装有各种人物和动物图像。点燃下台的烟火后，烟火由下往上逐台燃爆，呈现出五彩变化的种种图像，图案主要有“唐僧取经”“三英战吕布”“白蛇传”“武松打虎”“夫唱妇随”、人物、动物等。燃放盒子灯烟火在晚上进行，把盒子灯烟火立在钢架上，然后点燃下台的烟火，烟火由下往上逐台燃爆，烟花四射，绚丽多彩，给节日增添了不少乐趣。

（三）民俗文化

1. 火把节

在众多的白族岁时节令中，农历六月二十五日火把节是最为盛大的节日。明代知名的大理文人李元阳有好几首诗，用“万炬森罗彩翠浮”“上天下地星辰满”“野溢明珠如斗富，路缠星斗似迎仙。红霞散作千门彩，金色开成万朵莲”，这样形象的句子生动地描绘了火把节的盛况。

彝族火把节源于南诏时期的“火烧松明楼”。

《南诏野史》对“火烧松明楼”作了简练的记述：“（南诏皮逻阁）赂剑南节度王昱，求合六诏为一。朝命许之，使人谕五诏：‘六月二十四日，祭祖不到者罪。’建松明大楼，敬祖于上。至期五诏至，惟宁北妃止夫行，夫不听。妃以铁镯穿夫手而别。二十五日，五诏登楼祭祖，享胙食生。至晚醉，阁独下楼，焚钱发火，兵围。火起，五诏死。报焚钱失火烧死，请各妃收骨。各妃至，难辨，惟宁北妃因铁镯得夫骨。至今，滇人以为火节。王灭五诏，取各诏宫人。妃美，遣兵取之。妃曰：‘誓不二夫。’即自死。”据传，火把节夜，妇女用凤仙花根捣烂包手染红指甲，即是对宁北妃以手拨土寻夫时血染指甲的怀念。

火把节之夜

巍山县城北约 20 千米的巄屽图城山上，有一面积约 300 平方米的缓坡，就是南诏国的第一代都城巄屽图城遗址，遗址旁就是传说中的南诏王“火烧松明楼”的遗址。在巍山民间广泛流传着“火烧松明楼”的传奇故事：蒙舍诏主皮逻阁，逐渐强盛，想吞并五诏，于唐开元二十六年（738）6 月 24 日，用松树明子建一幢楼，叫“松明楼”，邀请五诏主来祭祖。邓赕诏主皮逻登妻白洁夫人，感到南诏王居心叵测，打一只铁镯戴在丈夫手臂上，正当五诏主在松明楼作乐时，皮逻阁放火烧松明楼，五诏主均被烧死。五诏妻子无法辨认烧焦的尸体。只有白洁夫人认出丈夫手臂上有铁镯。之后白洁夫人起兵抵抗，以身殉情。后人为纪念白洁夫人，每到 6 月 25 日，就在各村点起火把，各家扎小火把，村里村外遍地火把。据说，这就是彝族“火把节”的由来。

2. 回族开斋节

开斋节是伊斯兰教历的十月一日。教历九月为斋月，全月封斋，封斋至第二十六日傍晚见新月，次日即为开斋月。回民从元代进入巍山时就代代相传此习俗，“斋月”大月为三十天，小月为二十九天。

回族开斋节聚礼

回历九月，是回族的“斋月”，在这个时间里，实行斋戒，每天要做五次礼拜，东方发白之前，要饮食完毕，见亮即不能吃喝，一直要到太阳落山后才能进食，俗称为“把斋”，用以怀念穆罕默德当年为救民而经受的磨难。到回历十月一日，“斋月”结束，称为“开斋”。开斋节各地回族群众都要举行盛大庆祝活动。节日活动内容有礼拜、到坟山进行游牧、探亲访友。上午，全体穆斯林男女到清真寺交纳“费台勒”（人丁课税），再回家吃油香茶，在家中点上卫生香，在长者率领下，口赞大赞词前往清真寺参加会礼。清真寺会礼庄重肃穆，当教长每高声朗诵完一段“赞词”（《古兰经》选段）时，全体穆斯林就在大赞词的和声中前进几步。然后由清真寺董事们向贫困者散发“费台勒”钱，最后进行礼拜。

会礼结束后，下午，全体男穆斯林到坟山游坟。游坟开始时，先以村进行游视古坟，全村穆斯林跪成一大圈子，诵读古兰经选段，传油香，然后再以家族和家庭分别到家族和家庭的坟地上举行同样的游坟活动。游坟结束，举行团拜，在清真寺学经的学生要到教长、阿訇、梧梭家里“拜开斋”，已经从清真寺毕业回家的学生们也要返回海弯德（供其念经的人家）家拜开斋，接着女婿、姑娘也要一同返家拜开斋。在巍山，回娘家拜开斋这一活动非常热烈。开斋节这一天，巍山永建回族村庄的各条路上，人来人往，车水马龙，节日氛围十分浓厚。

开斋节是《古兰经》规定的两大节日之一。伊斯兰教的斋功起源于人祖阿丹，穆罕默德为圣之后，照圣祖易卜拉欣的持斋方式进行持斋，他在传教十四年后，方受真主明令，持守伊斯兰教历“莱买丹”（九月）斋，之后这个风俗开始流传。

3. 白族接三公主

蒙舍诏王细奴逻接受白子国王张乐进求的王位“禅让”之后，同时开创了六诏时期乌蛮（今彝族先民）和白蛮（部分为今白族先民）酋长之间的婚姻关系。《南诏备考》卷一记载说："奴逻素有祥异，会唐封首领大将军建宁国王张乐进求，以诸葛武侯所立白崖铁柱岁久剥蚀，重铸之。因社会祭柱，柱顶故有金镂鸟忽能飞，集奴逻左肩，相戒勿动，八日乃去。众骇异，谓天意有属，进求遂以女妻之，举国逊之。"白子国的势力衰微，当张乐进求被迫将王位禅让给乌蛮酋长细奴逻时，为继续保持白蛮和乌蛮之间的关系，张乐进求"以女妻之"，以联姻的关系来求得两个族群之间继续保持友好关系。这种联姻关系，长期以来使洱海地区白彝两族先民一直团结和睦相处。自唐代以来，乌蛮、白蛮就有将已出嫁的姑娘逢节接回娘家过节的习俗，这一习俗已流传千年相沿至今。如果要追溯历史，这种传统民族的习俗始于唐代南诏时期。唐贞观二十三年（649）白子国主张乐进求逊位时，同时将三女

白族接三公主

儿嫁与乌蛮酋长细奴逻为妻，并于每年春节和其他盛大节日之时，都要到蒙舍川接三公主回白崖川过节。后来三公主逝世后，大理的白族群众在南诏都城巄屽图山建三公主殿，内祀三公主，白族称三公主为“白姐”，于每年农历二月十三日到三公主殿祭祀三公主，并接她回大理过绕三灵节。这种习俗一直从唐代相传到今天，历久不衰，反映了从古至今白族和彝族先民之间友好和睦的关系。

接三公主的时间是每年农历二月十三日，相传这天是三公主的生日。农历二月十一日，居住在大理地区的白族群众身着白族盛装，牵着白马，成群结队地先到巍山县的巍宝山巡山殿和三公主殿，分别举行祭祀细奴逻和三公主的活动。二月十二日离开巍宝山，唱着白族调来到巄屽图山的三公主殿，举行规模更大的祭祀和接三公主的节日活动。当天晚上，他们给三公主塑像换下白族旧装，穿上新装，然后给三公主敬献斋饭和果品，最后在云隐寺（天摩牙寺）的各个殿宇里，和当地彝族群众举行联欢活动，先打白族霸王鞭，和彝族共同打歌，两族男女对唱山歌等，通宵达旦。

二月十三日清晨，举行隆重的接三公主仪式，先是诵经、祭祀三公主，然后由主持人宣布接三公主启程回大理，白马驮着三公主的旧衣服（表示接到三公主），敲锣打鼓，鞭炮轰鸣，牵着挂满彩带的白马，兴高采烈地离开巄岈图山三公主殿返回大理。他们一路上欢天喜地，唱着白族调，如果这天下雨，他们更是欣喜若狂，认为这一年大理坝子一定风调雨顺，五谷丰登，六畜兴旺；如果天气晴朗，则认为这一年大理坝子要抗旱栽种。他们先后将三公主接到大理喜洲镇的庆洞神都本主庙和湾桥乡的保和寺(在小鸡足山)中供奉，到农历小鸡足三月三歌会和圣源寺四月二十三日至二十五日大理绕三灵会结束后，又把三公主送回巍山。白族这种接送三公主的民俗活动，从唐代至今，年年如此，从未间断。20世纪80年代后，接三公主不再用白马了，改用人背三公主的衣服代替了白马，但是步行的路线和歇住的地点从未改变。接三公主的年长白族妇女群众至今到巍山接三公主，她们仍然坚持穿草鞋走路，她们说穿草鞋可以把蒙化（巍山）的土带回到大理坝子，蒙化的土是吉祥的土，草鞋带回的土越多，大理坝子的庄稼就越好。

4. 逛桥会

道教经典称正月十五为上元，七月十五为中元，十月十五为下元，因此七月十五为中元节。相传七月初一至十五阴间之门大开祖先亡魂及孤魂野鬼都跑出来，为求平安清吉要祭祀。巍山的习俗是初一开始在家中上供、烧钱化纸、焚化衣饰。街道村寨宣讲《目莲》，佛教举行法事“普度会”以超度亡魂。十五这天，各村镇男女老幼则聚集在城西阳瓜江边的三官殿，祈求天地水三官赐福、赦罪、解厄，到河边将家中燃化后的纸钱衣饰打包送走。逛西河桥这天，人山人海，热闹非凡。农历七月十五，也是民间七月半节，巍山县上万群众汇聚西河古桥送祖祈福，牵线搭桥，争相在西河桥上“踩桥”。西河古桥踩桥由南诏国时期传习至今最大民间风俗“踩桥消灾祛病”和“阴阳相会”两个活动相融、发展、演变而来，至今已有上千年的历史。

西河桥又名永春桥，位于巍山古城西一千米处，为多孔石拱桥，古桥横跨国际性河流红河源头阳瓜江，是滇西茶马古道“三进三出”时进出缅甸的必经桥梁，同时也是巍山沿袭千年的民俗活动“七月半逛桥会”之地。

5. 中国名小吃之乡

自古以来，民间就有“玩在大理、吃在巍山”的说法。巍山餐饮美食特别是巍山小吃，经过千百年来漫长的积淀，形成了极富个性的地方饮食风格和饮食文化。巍山饮食文化在县域历史文化资源中丰富深厚，最早见于唐樊绰《蛮书》，有着一千五百多年的文化积存。南来北往的食风，风格迥异的特色饮食，彝、回、汉等各民族的饮食习俗和礼仪共同构成了巍山文化遗产的一部分，

基尼斯认证长 1704 米的一根面

也使得巍山的饮食文化别具一格，并以品种多样、做工精细、风味独特而著称。小吃大致可以分为11个系列、90多个品种，有火巴肉饵丝、一根面、青豆小糕、卷粉、冰粉凉虾等；时令小吃有青豆小糕、糯米棠梨花粑粑、青豆糯米粑粑、青苞谷粑粑等；特色小食品系列有热油粉、牛打滚、糖火烧、泡梨等；蜜饯系列有沙参、无花果、冬瓜、槐果蜜饯等；咸菜系列有麦兰腌菜、卜酱豆、臭豆豉、酱蚂蚱、腌藠头等。

巍山饮食文化是中国饮食文化的一部分，虽未归入“四大系”或“八大系”，但巍山自汉代设县治起，自古以来就是“茶马古道”与“南方丝绸之路”交汇之地，南来北往，商贾云集，一直是滇西政治、经济、文化中心，自然形成了饮食文化中能适应酸、辣、甜、咸、淡各种口味的人群，造就了饮食文化的多元性和丰富性。唐樊绰《蛮书》中就记载：“猪、羊、猫、犬、骡、兔、鹅、鸭，诸山及人家悉有之。蛮不待烹熟，皆半生而食之。”原来早在一千多年前，古人就掌握了吃肉火候，煮至半熟，吃鲜嫩的肉，而肉煮至透则为火巴肉。

巍山风味小吃也和巍山历史一样，悠久而漫长，底蕴深厚，令人回味无穷。风味小吃具有浓郁的地方文化特色，它还是维系感情的纽带。出门在外的巍山人，不论你远行千里，不论你从事何种职业，对家乡的小吃总是情有独钟，一刻也不会忘怀。正是凭借丰厚的文化底蕴，2011 年中国大理巍山首届小吃节上，巍山被中国烹饪协会授以“中国名小吃之乡”称号。

（四）非物质文化遗产

巍山县非物质文化遗产保护名录一览表（截至 2016 年 10 月）

<table>
<tr><th>序号</th><th>级别</th><th>项目名称（传承人）</th><th>公布批次及时间</th><th>认定政府及部门</th></tr>
<tr><td>1</td><td>国家级（1项）</td><td>彝族打歌</td><td>第二批（2008年）</td><td>国务院</td></tr>
<tr><td>2</td><td rowspan="4">省级（4项）</td><td>高台社火</td><td>第二批（2009年）</td><td rowspan="4">云南省人民政府</td></tr>
<tr><td>3</td><td>二月八节</td><td>第二批（2009年）</td></tr>
<tr><td>4</td><td>青云彝族传统文化保护区</td><td>第二批（2009年）</td></tr>
<tr><td>5</td><td>火把节</td><td>第三批（2013年）</td></tr>
</table>

续表

序号	级别	项目名称（传承人）	公布批次及时间	认定政府及部门
6	州级（13项）	人物传说《关于诏主和土司的传说》	第一批（2005年）	大理州人民政府
7		人物传说《杜文秀起义》	第一批（2005年）	
8		史事传说《六诏的传说》	第一批（2005年）	
9		南诏镇（巍宝山）彝族文化保护区	第一批（2005年）	
10		永建镇回族文化保护区	第一批（2005年）	
11		民族民间歌舞（彝族打歌）之乡	第一批（2005年）	
12		民族民间（扎染）之乡	第一批（2005年）	
13		民族民间手工艺制作（彝族服饰）之乡	第一批（2005年）	
14		史事传说《火烧松明楼》	第二批（2009年）	
15		巍山𤆵肉饵丝	第二批（2009年）	
16		彝族手工麻织布	第二批（2009年）	
17		巍宝山歌会	第四批（2015）	
18		一根面制作技艺	第四批（2015）	

（五）掌故传说

1. 老君点化细奴逻

巍山至今流传着太上老君点化细奴逻的故事。相传，南诏第一代王细奴逻和父亲舍龙避难于蒙舍川（今巍山坝子）后，耕于巍山之麓（今前新村）。有一天，他和子逻盛在巍山的后山（今道观培鹤楼所在之地）耕种山地，他的妻子蒙撒和小姑给细奴逻父子送午饭。在巍山的路上，遇一位美髯公，穿道袍，头戴赤莲冠，手持玉钵，坐在一盘石上，向姑妇乞食，于是姑妇俩把午饭全给了美髯公，又重回家中做饭。等她们做好了午饭，又往后山送饭时。又在原处又遇上了美髯公，又向他们乞食，于是她们又将午饭全给美髯公，如此反复三次。待她们第四次往后山送饭时，美髯公已不知去向。到了后山，细奴逻父子询问姑妇送午饭推迟的原因，姑妇俩遂告实情。于是细奴逻父子和姑妇共同收拾犁具回家，探求美髯公。当他们回到前山磐石旁时，只见美髯公坐在磐石上，前有青牛、左有白象，右有白马，上覆彩云。云中有二童子，一执铁杖于左，一执方金镜于右。细奴逻等看见美髯公，忙跪下祈福，美髯公即问："你们何所欲？”细奴逻忙答：“祈福佑！”于是美髯公在细奴逻的犁把上用白蚊帚轻轻地敲了十三下，并说：“尔子孙富贵，奕叶相承，其数如此”，遂冉冉腾云而去。这美髯公就是道教祖师爷太上老君，经太上老君这一点化后，细奴逻即建蒙舍诏传王位13代。这个传说体现了南诏王室用“君权神授”的观念神化自己的统治。

2. 火烧松明楼

彝族火把节，源于星回节，彝族先民以星回节为岁首，须竖火把，祭祖先。明代中，汉族大量移入巍山后，即相沿此俗。后火烧松明楼故事传入巍山后，丰富了火把节的内容，在汉族居住地区流传甚广。

火烧松明楼故事，始见于杨慎的《滇载记》，故事情节来源于《白古通今》，“火烧松明楼”即其中的一则，经杨慎整理提出后，即广泛流传于大理地区。

农历六月二十五，是滇西彝、白、汉等各族人民共同的盛大节日——火把节。这一天，各族人民都要举行竖火把和耍火把活动，妇女捂红指甲，张灯结彩，热闹非常。

传说这与蒙舍诏统一六诏有关。相传唐朝初期，云南一带，六诏分治，战乱不断，蒙舍诏诏主皮逻阁取“擒贼先擒王”之策，借传统的六月二十五星回节祭祖之名，邀其他五诏之王到蒙舍诏（今巍山）聚会，地点在峨岍图城用易燃松明木建盖的松明楼内。席间皮逻阁借故离开，突然大火聚起，楼毁人亡。五诏失首，相继降服蒙舍，六诏统一。

皮逻阁是南诏十三代诏主中的佼佼者，细奴逻的曾孙，于唐开元十六年（728 年）21 岁时继蒙舍诏主位。皮逻阁文才武略兼备，治理百姓有方。在他即位后学习汉族文化，亲近中原王朝，效学唐王朝的治国方法治理蒙舍诏，不几年蒙舍诏就强大起来，成为当时洱海地区六诏之首。后以“五诏同为唐臣”之借口，请唐王朝支持他统一六诏。从开元二十四年（736 年）至二十六年（738 年），皮逻阁在唐王朝的直接帮助下，征战两年多，用武力统一了六诏，建立了南诏国。开元二十九年（739 年）皮逻阁把都城从巍山的蒙舍城（今古城村）迁至太和城（今大理太和村）。南诏国历时 250 多年，传位十三代，极盛时管辖面积为现今云南省辖区面积的2.7倍，范围为今云南全部，四川、贵州、广西一部，势力远及今缅甸、越南等国。

“火烧松明楼”的传说虽与史实不相符，但极大地丰富了火把节的内容，是留给后人的一份宝贵的民族历史文化财富。

3. 异牟寻封五岳四渎

南诏时期，大理点苍山、蒙化蒙乐山、怒江高黎贡山、丽江玉龙山、东川乌蒙山曾被封为五岳，黑惠江、澜沧江、金沙江、怒江曾被封为四渎。

相传是南诏第七代王异牟寻。敕封了这些名山大川。异牟寻即南诏王位后，有一次带着清平官郑回到苍山游玩，郑回见苍山延绵起伏，东、西、南、北有四座大山拱卫，就向异牟寻讲起了四川牛心山的事。

郑回说：“在四川江油县东南一百五十里处，有一座山，兀峰独立，酷似一颗牛心，以山形取名就叫作牛心山。”牛心山的四周群山拱卫，又形似万人朝拜。唐朝李氏的先祖李龙，生前曾到此山旅游，发现此山乃发迹之地，回家后就嘱告家人，死后一定要把他埋在牛心山上。一年后，李龙病故，家人就按他生前所言，把牛心山选为自家坟地，将李龙埋于其上。后来，李龙的后代果真人丁兴旺，人才辈出，一代胜过一代。到李渊时，终于建唐称帝，一直沿袭三代。到唐高宗李治为王时，出了武则天要谋反篡权。武则天暗地里派人到牛心山破坏李氏的祖茔风水，并在李龙墓后的山梁上挖出了一条横沟，顿时从山中淌出一股血水，李氏祖茔的气脉风水被截断，李治的境况从此衰弱下来。不久，武则天自己就当上了中国历史上的第一个女皇帝。60余年后，李治的后代李隆基有一次游历四川，来到江油县境内，忽有一位白发老人拉住他，声称有要事相告。李隆基即随老人来到僻静处，老人说："你家祖茔就在本县的牛心山上，武则天派人破坏了气脉风水，你家才没落下来。若要东山再起，需去填补挖断了的脉气。"老人说完就不见了。李隆基忙到牛心山查看，情况果如老人所言。于是就找人把挖断的山脉填补好，又在山中建了一座山神庙祭奉山神。事后不久，李隆基登基，是为唐玄宗，重新继承了先祖帝业，掌管大唐江山，李氏家族又再次兴旺起来。

异牟寻听后很受启发。当时南诏正值战败：779年异牟寻即位后，曾与吐蕃联军20万人马分兵三路进犯四川，欲取成都，但遭到唐军痛击，唐德宗派名将李晟率5000精兵南下，配合驻川唐军大败异牟寻，把南诏、吐蕃军队赶过大渡河南岸。此役惨败后，南诏元气大伤，吐蕃又迁怒于南诏，将南诏原先的兄弟之国地位降为臣属之国。异牟寻为此正思振作，重整山河，听王郑回所讲，于是仿照中原做法，将兴盛国家的希望寄托于山川，敕封了五岳四渎，其中的大理点苍山被封为中岳。

4. 杨慎与“宇宙大雄”

巍山文化积淀丰富，历代以来留下了很多文人雅士的足迹，明代状元杨升庵就是其中之一。“一水抱孤城，烟渺有无，拄杖僧归苍茫外；群峰朝叠阁，雨晴浓淡，依栏人在画图中。”这幅至今仍留在圆觉寺的对联，就是他亲手撰写。

圆觉寺内有真如殿。真如殿建于石台基上，重檐歇山顶，上下檐之间距离不大，无窗，正中间悬挂着一块大匾，曰：“宇宙大雄”。1524年，杨慎因“议大礼”案获罪嘉靖皇帝，被贬谪云南，及至“度博南，越兰津”，猛然想起常璩在《华阳国志·南中志》中“渡兰沧，为他人”的感喟，心中不禁一阵苍茫……杨状元虽是被谪戍永昌（今保山），但他却长期驻留滇中，犹喜苍洱，与大理文人李元阳交游唱和。期间，曾三次游历蒙化（今巍山），得到蒙化“能文翰，工诗画，有魏晋风”的土知府左祯礼遇，寓居县城冷泉庵。一天，风和日丽，山清水明，正是出游的好日子，左祯便邀约杨慎同游蒙化名刹圆觉寺。观山历水，朝堂谒殿，拈香礼佛，紫岚青烟……古刹的清幽独绝，别有洞天，让杨慎心旷神怡，意兴盎然。寺僧亦陪同左右，周游一回，便在客堂稍坐小憩。寺僧汲水沏茶，招待十分周备。茶过三巡，寺僧具纸研墨，请为题书。虽出言相请，但并未言明请谁题书。两人一为文魁京阙的状元，一为位冠地方的知府。杨慎耳闻心忖，之后主动请左祯先题。为何？因他本感念左祯之“礼士崇儒”，又想到圆觉寺为左祯先人所建，敬于前，恩于后。故杨慎不以客架，礼请左祯先题。左祯推让一番，便顺水推舟，提笔写下“大雄”二字，占了鳌头。见此，寺僧皱了皱眉——在左祯，为地主，有尊贤礼客之义；在杨慎，为远客，有优享宾尊之利。

但此时“大雄”二字已成，“宝殿”只能殿后矣！

但杨慎既号升庵，自有“升庵”秘技。前番礼让在前，恩敬已表。人后“宝殿”，自忖用修（杨慎字）落得“状元”落不得！左祯的字墨尚未干，却见杨状元竟悬腕于“大雄”之前，众人一惊，“杨状元能在‘大雄’之前作何文章？”说时迟、那时快——杨慎已手起笔落，“宇宙”二字赫赫冠于“大雄”二字之前。“宇宙大雄”，破局方外，魁视宇内，刚正俨然：但凡后来欲居上，心怀宇宙方大雄。众人忍不住连声大呼：“好！好！好！”。僧众释子品读再三，不禁合十礼拜——佛法普度众生、广及大宇，诚谓“一语点醒梦中人”。

杨慎文采冠盖京华，虽谪戍南滇，依然所至名闻，润泽一方。史载：杨慎在滇期间，疏与官吏往来，喜问民间疾苦……无职无权若“僧归苍茫外”，却心系宇宙问计苍生“依栏人在画图中”。在巍山期间，杨慎还编辑《南诏野史》一书，为后人研究南诏文化留下珍贵的资料。

四、自然人文景观

（一）名胜景观

1. 巍山古城：保存完好的明清城市建筑群

巍山古城是中国历史文化名城，始建于元代的古城，在明代改为砖城，如今风貌依然。

巍山古城内街道以拱城楼为中心，呈标准的井字结构建设，至今整座县城依然较为完整的保持了600多年前建城时候的棋盘格局，是中国保

巍山拱辰楼鸟瞰

存最完好的明清古建筑群之一。古城内大街小巷纵横交错，呈标准的井字结构建设，共有 25 条街道，18 条巷，全长 14 千米，城内房屋基本保持了中式结构，南、北主轴线两侧的房屋则完整的保存了明、清时代的建筑式样和风格，房子朝向为南偏西 15 度左右，属结合当地的最佳采光方式，以弥补“四合五天井”光线不好的一面。

巍山北城楼名拱辰楼，建于明洪武年间。在高大的城墙上，有五间重檐歇顶式的古老建筑。城楼南面挂“魁雄六诏”，北面挂“万里瞻天”横匾。气势雄威。古楼高 23.5 米，下舌城墙高 8.3 米。楼架由 28 棵大柱支撑，由东、西两道小门登级而上。登上楼顶，举目四望，东西南北四条街道向四方延伸，屋舍俨然。整个巍山坝子全收眼底，十分壮观。巍然屹立的拱辰楼和星拱楼，成为古城的标志性建筑。在古城内外，有众多明、清古建筑，如文庙、文华书院、玉皇阁、东岳宫等。古城内的民居多数是院落式的，保持了大理白族的“三坊一照壁”“四合五天井”土木结构的特色，北门外的二条街道是主要居住区，临街为铺面及大门，宽度一般为 6—7 米，后面为住宅。

古街的起点群力门旁辟有文献广场，南诏时期南诏王就劝民习读汉书，明清以来更是人才辈出。文献广场上立有“茶马古道重镇蒙化”石碑。古街上的民居大多保留了明清建筑风貌，多为土木结构。古街串联四座古楼，头尾衔接，相得益彰，像一组音符发出高低音的共鸣。南诏古街诠释了“古”字的全部含义，构成了历史文化名城跳动的灵魂。

南诏古街由现今的月华街、日昇街、北街和南街组成。古街上汇集古楼、古坊、古民居、名优特产、古风土人情，数百年来一直传承、使用、发展着，是一条活着的古街。巍山作为明清时期商业重城，位于古丝绸之路与茶马古道的十字路口，古街上的铺面占据黄金地段，前店后院，铺面后是住家，穿过窄窄的菜刀门，进去就是保存百年的明清小院。

南诏古街长 2000 多米，由原文献楼（群力门）始，向南通过地官坊，穿过雄伟的拱辰楼，经进士坊到原古城中心星拱楼，直达原南门城楼遗址。一条古街串联四座古楼，头尾衔接，相得益彰。沿街建筑高度与街的宽度比例适宜，视觉透明宽阔，无压抑感。古街两旁铺面有众多的商号、茶铺酒楼、食馆、特色小吃、书刻碑店、裁缝铺、理发铺、纸烛店、修理店、棺木店、马具店等。古街两旁，还保留着较完整的玉皇阁、文华书院、文昌书院、崇正书院、南社学、文庙、东岳宫、等觉寺、西竺庵等众多明清建筑群，使古街较完整地保留了传统历史风貌。

2011 年 5 月，由中国文化报社、中华文化促进会、中国文物社主办的第三届“中国历史文化名街”评选推介活动，巍山县南诏古街成功入选，成为我省首条“中国历史文化名街”。

2. 巍宝山：中国道教名山

巍宝山距巍山古城南面 10 余公里处，最高海拔 2509 米。景区总面积 19.4 平方千米，主景区 6 平方千米。巍宝山因其历史悠久，古建荟萃，环境幽雅，自然和谐，是国家风景名胜区、中国道教名山、国家森林公园。1987 年 12 月，山中古建筑群被云南省人民政府公布为文物保护单位。2006 年 5 月，巍宝山长春洞被国务院公布为重点文物保护单位。

巍宝山是南诏的发祥之地。南诏第一代王细

奴逻，传说就是在巍宝山经太上老君点化后传位十三代，统治时间长达253年。如今在青霞观后，太上老君打坐的巨石仍存，在山中也能觅到细奴逻当年耕牧的遗址。

巍宝山明代古山茶

《中国大百科全书·宗教卷》把巍宝山列为中国的14座道教名山之一。根据史籍记载，巍宝山在汉代就有孟优（孟获之兄）在山中传教。明清湖北武当山、四川青城山的道人移住巍宝山，先后在山中修建了准提阁、甘露亭、报恩殿、巡山殿、文昌宫、主君阁、老君殿、玉皇阁、三皇殿、观音殿、魁星阁、三清殿、三公主殿、财神殿、青霞观、灵官殿、斗姥阁、培鹤楼、含真楼、长春洞等20多座道观殿宇，鼎盛时期，道人多达上百人。现存的宫观殿宇，依山就势、布局严谨，雄伟、庄严又不失灵秀，展现出不凡的风姿。在文昌宫的文龙亭，保存着珍贵的清代乾隆年间的彝族踏歌壁画，是研究彝族歌舞、服饰、社会风情的珍贵文物。长春洞大殿上数十幅群仙会宴图、三皇图、九龙图等，颜色鲜艳，画笔流畅，还有镂空雕龙图、八仙过海雕刻等都是艺术珍品，是研究宗教、民族文化的宝贵资料。

巍宝山传统山会承袭千年，从每年农历二月初一至二月十五，历时半月，人山人海，热闹非凡。其间，还举行传统歌会，四乡八寨的彝族男女老少着盛装，汇集在前山、后山打歌唱调欢度节日。长春洞、文昌宫等道观经常演奏洞经音乐，让人大开眼界。

置身于巍宝山，游人就进入了自然植物宝库和动物乐园。遍布 19.4 平方千米景区的针叶林、阔叶林和混交林，带给人们的是满目翠绿。林海中分布着有上千年历史的古柏树群、高山栲群。巍宝山“树王”华山松，高 47 米，须三人合抱，天然成景。主君阁的明代古山茶，高 17.5 米，每年花开万朵，红似胭脂，被上海大世界基尼斯认证为世界最高人工种植古山茶。稀有树种“云头柏”，以其独特的树形成一大景观。巍宝山林间还分布着兰花、玉兰、杜鹃、山茶、蝴蝶戏珍珠等各种名贵花木。山中还生活着狐狸、九节狸、麂子、飞鼠、花面狸和白鹇鸡、金丝画眉、绿鸠等稀禽珍兽。巍宝山有“天门锁胜、拱城远眺、美女瞻云、龙池烟柳、山茶流红、鹤楼古梅、朝阳育鹤、古洞藏春”八大盛景，自古享有“巍宝天下幽”的赞誉。

3. 红河源：云南国际性河流红河的发源地

巍山是红河的发源地。巍山境内的红河流域水系，呈对称性支系分布，主干的红河两岸，西面有20条主要支流，东面也有20条主要支流，东西两岸的40条支流从北往南两两相称，或对生，或互生，成为一个极为奇特的自然水系叶脉分布奇观。

巍山境内土地肥沃，水源利用率高，土地资源产出率高，全县有5个乡镇集中在红河水系。生活在这里的人民以经济文化较为发达的汉族、回族为主，同时也有不少彝族等少数民族。全县绝大部分的文物古迹都集中在红河水系。红河得

“额骨阿宝”的灵性，经过红土高原母亲般的孕育，成长为一条闻名于世的国际性河流。

沿西河下游出巍山川尾以下的河称阳瓜江，河流到这里，与发源并环绕着巍宝山的五道河交汇，经过接近360度的一个大圆形包围圈后向东南流出巍山境外。出巍山县境以下称礼社江。古代的巍山是南诏古都和蒙化府所在地，辖区几乎遍及大半个红河流域。巍山是中原文化进入较早的地区，历代重儒尊礼，礼仪之风盛行，因此红河源头瓜江被赐名为礼社江，可见文献名邦的影响源远流长。

红河是云南六大水系之一，而且是发源于云南省境内唯一的一条国际性河流。红河连接着中越人民、云南和东南亚人民一衣带水的传统友谊，是文化交流、经贸往来的一条黄金纽带。红河音谐“红火”，含义吉祥如意，兴旺发达。“红”字点出了云南红土高原流域地貌的典型特征，红河是红土高原孕育而出的一条不寻常的河流。

4. 鸟道雄关：鸟类迁徙要冲

巍山县属于亚热带高原山地季风气候，境内河谷、盆地、山地相间分布，海拔高度悬殊较大。

县境内海拔2700米的隆庆关上，伫立着一块石碑，镌刻着“鸟道雄关”四个笔力雄健的魏体大字。经专家考察，这是迄今为止所发现的世界上唯一一块关于“鸟道”记载的石碑，见证着这里既是西南古丝绸之路的驿道，也是候鸟迁徙的咽喉通道。

鸟道雄关自然保护区地处古老的横断山脉南部，哀牢山北段，位于巍山县和弥渡县交界，从巍山县城出发沿巍弥公路往东约20千米。这里群峰连绵，山脉纵横，峻岭起伏，重峦叠嶂，蜿蜒连绵，林海莽莽，属综合生态系统自然保护区，林密箐深，植被繁茂，环境幽静，人迹罕至。漫山遍野长满了高大挺拔郁郁葱葱的华山松、柏树、杉树以及婀娜多姿临风摇曳的箭竹、山茶、杜鹃，绿茸茸的林地一望无际。

据康熙《蒙化府志》记载：“隆庆关在府城东，高出云表，西有沙塘哨，望城郭如聚，东有石佛哨，西山如峡，八郡咽喉。”巍山处于“南方陆上丝绸之路”和“茶马古道”两条古道交汇处，曾经是茶马古道滇藏段重要的枢纽之地。蒙化府史书《滇西驿运报告书》记载：“马匹及马帮经下关至蒙化（巍山）者为最多，凤仪、弥渡、大理等次之……蒙化不仅为驮马之生产地，亦为其集中地，倘有需要，即万匹亦可招致之，盖附近各属之马帮，可向蒙化集中也。”从巍山往南，经景东去思茅、版纳；往西南，称为走夷方老路，在现在小湾电站的神舟渡过澜沧江去往临沧，然后出缅甸；往西到凤庆的鲁史镇，经青龙桥过澜沧江，去往保山、德宏；往东沿鸟道雄关，经弥渡、祥云到昆明；往北就是下关、大理。明清时期，隆庆关就是茶马古道的重要关隘，每天有大量的马帮从这里经过，至今从关口被马蹄长年累月踩踏磨得极为光滑的石头以及石头上深深的马蹄窝，不难想象当年热闹的场面，山间马帮的铃铛声仿

鸟道雄关石碑

佛还在耳畔回响。如今，古老的马帮已远去，沿着这条驿道迁徙的只有那些鸟类，它们仍然不远万里地重复着一年一度的南迁与北徙。

（二）文物遗迹

1. 𡶉岈图城遗址

𡶉岈图城遗址距县城15千米，在今大仓镇甸中村公所团山村西面的𡶉岈图山山顶的一块大平地上，前临阳瓜江（今大西河），后依大黑山，可望蒙舍川（今巍山坝子）全境，山环水抱，地势险要。从元代至清代的正史和云南的各种地方志记载，南诏始祖细奴逻于唐高宗永徽元年（650）建都于此，在𡶉岈图山上筑城以居，因都城是筑在𡶉岈图山上，所以都城名为𡶉岈图城。据李元阳《万历云南通志》卷三《蒙化府、古迹》云："𡶉岈图城，在𡶉岈图山，周围四百余丈，昔细奴逻筑城于此以居。"又"山川"条云："𡶉岈图山，在府城四北面三十五里，蒙氏龙伽独自哀牢将子奴罗居其上，筑𡶉岈图城，自立为奇王，号蒙舍诏。"

𡶉岈图城为自南而北延伸出的一台地，东西长270米，南北宽95米，当地人称为大坪地，又其下有涧名火把箐。现今𪩘屽图城的建筑物已不复存在，在遗址上出土了大量的碎瓦砾，其中以瓦当、滴水、砖、瓦为多，还有石柱础。1958 年 11 月发掘出土了一批砖瓦和陶制品，瓦上有字，字形为汉字的多笔少划；还有瓦当、滴水、花砖、柱础、鸱吻等，这些造型又与唐长安城兴庆宫所出土的文物相似，与中原建筑文化的传入有关。1990 年以来，先后发现唐南诏时期佛、菩萨、天王、罗汉头像及残断躯体 280 多件以及大量有字瓦、绳纹砖、莲花砖、莲花瓦当、柱础等珍贵文物。这批文物具有较高的学术和艺术价值。入选第二届中国国宝展的“释迦如来石座像”就是 20 世纪 90 年代在𪩘屽图城遗址出土的，这些出土的实物都与西安唐代建筑遗址出土的文物略同。从庞大的建筑构件上，我们可以想象当年𪩘屽图城的雄伟恢宏。𪩘屽图城附近还有传说南诏王皮逻阁灭五诏的“火烧松明楼遗址”及打猎将军庙，供人们考察游览。2005 年 6 月，𪩘屽图山城址被国务院公布为全国重点文物保护单位。

2. 南诏佛教名刹云隐寺

云隐寺又名天摩牙寺、天姥崖，俗名西边大寺，在巍山县之西北巄岏图山上，距县城15千米。

云隐寺牌坊

云隐寺最初建于唐代南诏时期，为佛教密宗和道教并重的寺观，因寺建于山间，常年云雾缭绕，因此取名云隐寺。又因山顶建有道教宫观斗姥阁，又称天姥崖或天姥寺，天姥是道教神“先天斗姥天尊”的缩写。《蒙化志稿·祠庙志》载：“云隐寺，在巄岏图山之巅，细奴逻建。后僧悟空、土知府左琳、左瑛增修。”自唐代细奴逻修建寺院以来，这里出了不少的知名高僧，如唐代南诏的苏国师、赞陀崛多、明代的悟空、白水、无住、担当，清代的海崇、寂旭等。明代曾有状元杨慎、地理学家徐霞客等名人慕游云隐寺，有诗文传世。徐霞客在其《游记·滇游记十二》中对云隐寺也有明确的记载。清代天姥寺所在区域在天摩牙里，天摩和天姥同意，遂将天姥寺改名为天摩牙寺。

云隐寺为佛寺，由大佛殿、轮藏殿、圆通宝阁、天王殿等殿宇组成，山门有古匾，上题“云隐寺”三个大字。寺的上方山梁为道教道观，建有斗姥阁、玉皇阁、老君殿、财神殿等道观。同时在寺观群中，还有南诏土主庙，内祭祀南诏始祖细奴逻；三公主殿，内祭祀细奴逻的夫人三公主金姑。南诏土主庙由明代蒙化土知府左氏所建。三公主殿始建于唐代南诏时期。三公主是白蛮（今白族的先民）建宁国王张乐进求的三女儿，张氏将王位禅让给细奴逻时，同时将三女儿嫁给细奴逻为妻。从三公主嫁给细奴逻后，张乐进求的家族每年都到蒙舍川接三公主回大理过节。三公主去世后，后人在天摩牙寺建三公主殿，祭祀三公主，并开始了延续千年的接三公主习俗。

天摩牙寺是佛道二教的活动场所，在滇西久负盛名，同时也是著名风景名胜区，其北部为南诏都城垅圩图城遗址。每年农历正月二十四至三十日是天摩牙寺的朝山庙会，届时香客游人多达万人。

3. 巍宝山长春洞

长春洞古建筑群位于巍宝山西侧，是巍宝山胜景之一，始建于清乾隆四十四年（1779）。整座道观由山门、大殿、两厢和花园组成。平面建筑按照道家“八卦”形状排列组成八角形，结构严谨，是我国道教建筑中不可多得的建筑精品，被称为“古洞藏春”。2006年5月被公布为第六批全国重点文物保护单位。长春洞古建筑群由大小三进共十个院落组成。平面布局为一个规整的八卦图，依次由山门、前殿、大殿、厢房、花园等组成。整个建筑群结构严谨，样式新颖，建筑工艺精湛。其建筑格局一反常规，即山门与大殿、前殿不在同一条轴线上，除照壁、前殿、大殿在东西向轴线上以外，其他建筑多以山门为准。山门内为一院落，院前有照壁。前殿殿后为一四合院，北厢后设有花园、在大殿和前殿两侧皆有平房。

长春洞山门为三开间单檐悬山顶式建筑，雕刻装饰华丽。门额上悬挂一块“长春洞”匾，为清嘉庆十九年（1814年）吏部尚书章照书。前殿建于高台上，为单檐悬山顶式建筑，面宽三间，前设走廊，檐下以垂柱、花板、花罩等

巍宝山长春洞

镂空雕刻装饰。

大殿建在石砌须弥座上，面宽五间，殿后及左右两边均有走廊，上、下檐四周满施斗拱、雀替、花罩，为透雕或半浮雕雕刻，精巧生动。殿内神龛建于石砌浮雕须弥座上，龛内有玉皇塑像，像左右绕以 8 条木雕蟠龙。大殿顶部的天棚和藻井内绘有 17 幅壁画，内容为工笔重彩所绘的道教群仙及诸神图，是云南省内现存年代较早且保存较为完好的道教壁画。院内两厢楼房装饰雕刻甚多，其中以左右厢房的次间各有二扇圆窗尤为考究，每扇圆窗皆作菱花窗式，中心为 69 幅图字模，其中有鸟、兽、花卉、博古等图案，形态各异，表现出了雕刻者高超的工艺水平和丰富的想象力。

综观长春洞古建筑群，不仅在平面布局上采用了道家“太极”（八卦图）的方式，突出了道家思想的神秘性，其间的建筑还使用了高低、大小、方圆等若干对比手法，显得既庄严又活泼。值得提及的是，长春洞古建筑群无论主体建筑或附属建筑，在其木作隔扇、壁板的正反两面还都绘有壁画，描绘内容有“天宫道教诸神”“八仙故事”“二十四孝”“三国故事”，以及山水、花鸟、人物等，其内容丰富多彩、形象逼真传神，艺术手法多样，在云南乃至全国的名山庙宇之中都是少见的，具有较高的文物历史和艺术价值。

长春洞周围古柏参天，溪水环流，气候凉爽，百花遍野，环境非常幽静。殿内有副对联云：“石洞春深，六月犹存三月景；春堂昼永，一天得有两天闲”，这正是对长春洞优美景致的高度概括。

4. 南诏土主庙与祭祖节

土主是彝族祖先崇拜的产物，为本民族或家族的保护神。彝族把真正能代表本民族气质和精神的、对社会有突出贡献的、深受公认的历史人物尊为“土主”，把他神化并崇仰膜拜。《僰古通记浅述》载“是时塑南诏王像敬于巍山石洞中以祀之”这是最早记录南诏时对祖先崇拜的一段

文字记录。《蒙化志稿》载："蒙化有十三王庙，皆为奉祀南诏历代帝王，供以

南诏土主庙

祭之……"时至今日，当地彝族一直沿袭着这种古老的奉祀和朝拜的习俗。土主庙为彝族地区，尤其是巍山地区特有的庙宇。后人为了宣扬"君权神授"的思想，杜撰了太上老君点化细奴逻（《南诏图传》有载），在细奴逻死后被玉皇大帝封为巡山土主的宗教传说，并且在巍宝山鼎建了巡山土主庙；从中原地区传入巍山地区的道教，经历了植根于彝族土主崇拜的原始宗教的发展过程，形成了巍宝山道教兼容当地土著民族原始宗教的特点，造就了细奴逻"土主巡山神"的双重身份。

巍宝山前新村是南诏第一代王细奴逻的耕牧地，至今村内还保存有细奴逻生活的遗址，村内老人还能讲有关细奴逻轶闻传说。唐开元二年

（714），第三代王盛逻皮经唐朝钦准，在巍宝山为其祖父细奴逻建盖了第一座土主庙，以后，历代南诏王都被当地彝族群众奉为土主，一直到今天，巍山境内还保存有近十余座土主庙。

巍宝山南诏土主庙初建于唐，以后明、清各朝一直到现代经多次维修。2001 年以来，为南诏历史文化的保护和传承，新建了山门，在原址后扩建一院为唐建筑风格的大殿、偏殿、厢房。大殿立细奴逻像，偏殿分别祭细奴逻父母和其妻白族三公主，两厢祭十二代王和凤伽异，所立神像皆为青铜神像。大殿绘有“南诏疆域图”。

院内大型浮雕《南诏图传》又称《南诏中兴二年画卷》，绘制于（899 年南诏中兴二年，唐昭宗光化二年）。《南诏图传》由画卷和文字卷幅长卷组成。画卷纸本彩绘，长约 5.73 米，宽约 0.3 米，由“巍山起因”“铁柱记”“西洱河”等 3 部分组成，用连环画形式表现南诏始祖立国的神话传说。

2007 年 3 月 27 日，在巍山召开了“滇川黔桂四省（区）彝文古籍第十二次协作会”，会议确定每年农历二月初八为中华彝胞共同祭祀南诏大土主的主祭日。顺应彝族祭祖的传统习俗，巍山县人民政府将每年农历二月初一至农历二月十五定为彝族祭祖节。1999 年巍宝山土主庙被云南省委省人民政府公布为云南省爱国主义教育基地。

5. 巍山文庙

从公元前 478 年，鲁哀公在孔子旧宅立庙开始，中国土地上就有了文庙的建筑。到了唐高祖李渊武德二年（618）“令国子学立周公、孔子庙，四时致祭，诏求孔子后。”唐太宗李世民贞观四年（630）诏令“各州、县皆立孔子庙”，正是唐太宗的诏令将文庙建筑推向了全国，形成了文庙遍天下的局面。巍山文庙正如《云南通志·南诏始末》所载：“盛逻皮之立，当玄宗先天元年，立孔子庙于国中。”古代的许多史料中都有蒙舍诏盛逻皮建文庙的记载。当时，蒙舍诏（今巍山）正积极主动依附唐王

巍山文庙

朝以求生存和发展，并得到了唐朝的封赠，第三代王盛逻皮遵从唐朝诏令，在诏内修建文庙。新编的《云南省志》和《大理白族自治州志》中都保留了蒙舍诏建文庙的史料，巍山在云南文庙的历史上占有重要的位置。巍山文庙主要建筑完成于明洪武年间，后经天顺、成化、弘治、嘉靖多年修葺、扩建，形成了规模宏伟的古建筑群。明万历四十七年（1619）因火灾，多数殿宇被毁。至清康熙二十二年（1683），由同知金标、土知府左世瑞重建乡贤祠、名宦祠、养士坊等。康熙二十八年（1689），同知杨天眷认为明伦堂与崇圣祠布局不符文庙要求，因而调换左右位置另建，并在明伦堂前设射圃。康熙三十五年（1696），同知蒋旭捐资重修尊经阁。咸同年间因棂星门前方寸之地，视野不宽，杜文秀起义军守蒙城大参军马国忠、大翼长李芳园，将棂星门前十余户居民房屋拆除，改变西街行道，于南面设置照壁。光绪十一年（1885），直隶厅同知卞庶凝向南移位棂星门和泮池，照壁上镶“万仞宫墙”四个大字。文庙大门向东，门旁立一块“文武官员到此下马”石碑。文庙中轴线为南北向，自南为照壁，前为泮池，上有石拱桥，池四周以石围栏，前为一高两低三跨式石牌坊，曰棂星门，石坊左侧有门曰礼门，右侧曰义路，坊后右侧为名宦祠、兴贤祠，左为乡贤祠、承祭祠，中为甬道至大成门，门上挂一大匾书“大成”二字，院中四角植柏树，大成门后中为甬道，两侧为东西两厢，院以方砖铺砌，四角植柏树，甬道直达大成殿拜台，俗称天子台，台高约1米，三周环以汉白玉石栏，后为大成殿，殿为单檐歇山顶，面阔七间，进深15.6米，高11米，规模宏伟，庄严大方，内供孔子牌位，中间的两棵立柱上雕刻两条盘龙。大成殿后为雁塔坊，重檐歇山顶牌楼式建筑，檐下四面设斗拱，八个翼角飞展，中间以圆门贯通，后为崇圣祠，祠后为尊经阁，曾藏古籍千余册。崇圣祠左为明伦堂，堂内有八扇格子门，镂空雕刻，是艺术精品，工艺价值最高。堂下设射圃，旁立一小巧石坊，原书“佳径”，1982年改为“柏苑”。崇圣祠右为兴贤、育才二斋。整个文庙占地10000余平方米，共有大小十三个院落，大成门后古建筑保存完好。2003年被大理州人民政府公布为文物保护单位。作为古城中重要的古建筑群，2014年巍山文庙重新修复并对外开放。

6. **南诏博物馆**

巍山是云南省文物大县，保存在地上和埋藏在地下的历史文化遗迹十分丰富，现有不可移动文物点 282 处，经各级政府公布的文物保护单位有 59 处，其中全国重点文物保护单位 4 处，省级文物保护单位 8 处，州级文物保护单位 4 处，县级文物保护单位 43 处，拥有馆藏文物 3000 余件，有各级非物质文化遗产保护名录 114 项。建于 1390 年保存完好的巍山古城，1994 年被国务院公布为国家历史文化名城。

南诏博物馆建设项目选址在原等觉寺片区。

南诏博物馆航拍图

巍山县于2011年编制了《博物馆建设可行性研究报告》及《博物馆建设详细规划》，并于2013年4月通过评审。南诏博物馆项目规划以南诏历史文化为主线，打造集文化遗产展示、收藏、学术交流、历史文化研究于一体的综合博物馆。南诏博物馆是仿古建筑的园林式博物馆，由文物建筑展示区、历史文物陈列展览区、观众服务区、技术用房和文物地下藏品库区、管理办公区等部分组成。总体布局为一轴两片，即：以全国重点文物保护单位等觉寺为中轴线，中轴线东片区为新建历史文物陈列展览区，中轴线西片区为办公区。

南诏博物馆于2015年10月1日全面向社会免费开放，展厅面积共计2815.96平方米，举办四个常设陈列展览，一个临时展览，常设展览分别是：历史文物展、太阳宫及木雕艺术展、文保单位图片展、非遗图片展。南诏博物馆建成开放，丰富了当地人民群众的文化生活，成为巍山对外宣传、文化交流、旅游接待的重要阵地和广大人民群众和青少年爱国主义教育、社会科学普及教育的重要基地，促进了巍山县文化繁荣和发展。

7. 圆觉寺双塔

圆觉寺双塔位于巍山县城东 3 千米外的灵应山，属云南省公布的第六批省级重点文物保护单位。圆觉寺双塔建于明代（约 1478 年），塔高约 11.8 米，为九级密檐式方形实心砖塔。巍山称圆觉寺为大寺，与临近的玄龙寺相对，并称为大小寺。大小寺建于明代，为巍山县巍宝山之外保存较好的古建筑之一。小寺在大寺的下方，巍山有“大寺不大，小寺不小”的说法，小寺建筑规模较大，而大寺规模较小。每年的农历正月初九是圆觉寺的庙会，传说这一天是玉皇大帝的诞辰纪念日，又称“松花会”，香客游人如织，挤满了大小寺和周围的山林，热闹非凡，成为春节期间人们欢聚踏青的盛会。

大小寺掩映在苍松翠柏之中，古朴典雅、飞檐走阁、青瓦雕梁。行走在连接小寺和大寺的树林间，树密风静、鸟鸣山幽，让人仿佛置身于世外。越过南三叠水桥，圆觉寺双塔就立在高大的松柏之间，双塔挺拔俊俏，通体灰白，匀称地分布在圆觉寺山门左右两侧。塔身最下层为石砌台座，上置砖造须弥座，台基二层上修建塔身，塔身上以菱角牙子与叠涩向外挑出，使得双塔的出檐部位厚重秀美，蔚为壮观。史载，明代曾任北京都察院御史的雷应龙曾经在圆觉寺攻读，他把双塔誉为“浮屠削玉”，形象地描述了圆觉寺双塔的风貌。圆觉寺双塔也成为集建筑、园林、艺术为一体的完美建筑，并保留了我国“塔寺一体”的佛教建筑风格样式，是巍山古建筑艺术的优秀代表。

（三）革命史迹

1. 徐家大院

徐家大院为重要党史人物的故居，建于清末和民国初年，坐落于巍山古城日昇街中段，坐西向东，由南北两个大院组成，中有园洞门相通，规模宏大，共有大小院落十余个，占地面积1293.9平方米，建筑面积957.5平方米，布局错落有致，曲折幽深，再配以照壁、花台、园洞墙门，更是曲翅多变，步移景殊。南院为清中后期建筑，均为歇山顶建筑，前设厦，面开三间，主房中堂板壁上题有陈荣昌书法，柱头雕刻较好，院心中有一口古井。北院为四合五天井布局，北院大门为仿洋式中西合璧建筑，是县城现存民居中规模较大者。

徐家大院内照壁翼角飞展，主房梁头、花梁、权方、厦仓雕刻精湛；南、北厢房梁头雕有龙凤，雕刻简单大方。整个院落布局精巧，环境优美，较好地保存了清代民居风格。房主徐氏家族，先辈徐咸泰、徐之琛等人为巍山民主革命先驱，曾加入同盟会，参与辛亥革命、护国运动、护法运动和北伐战争。后人徐克家为巍山县最早的共产党员之一，曾参加广州起义，后任广东潮梅特委委员、常委兼秘书长，1928 年牺牲于汕头。其姐徐克峻为巍山第一个女共产党员，云南妇女运动的领导者之一。

2. 蒙化中学“民青”组织的地下革命活动点

蒙化中学即今巍山一中前身，创建于 1914 年，属蒙化县立中学。蒙化中学具有悠久的革命历史和光荣的革命传统，是新民主主义革命时期蒙化地下党潜伏的场所和活动的据点。

1945 年，中共云南省工委决定在农村建立党的可靠基层组织，以备将来开展游击战争，于是从西南联大抽调了佘世光、杨坤泉、张治公、张家炽、潘泳琛、陈定侯、郝桐苍（何东昌，新中国成立后曾任国家教育部长）等一批“民青”成员到蒙化中学任教，秘密开展革命工作。这些人员到达蒙化中学后，首先对国民党政府控制的蒙化中学进行了改组。改组后由张瑄任校长，陈定侯任训育主任，郝桐苍任教导主任。组织上，由陈定侯负责“民青”工作，实行单线联系。他们在校内成立了马列主义读书会，组织学生阅读进步书籍，向进步青年宣传革命道理，建立了“民青”支部，逐步发展壮大了“民青”组织。

1946年初，受省党组织的调遣，陈铭远、佘世光、郝桐苍等“民青”成员相继离开蒙化回西南联大，张瑄继续留任蒙化中学校长，并开展了一系列卓有成效的民主革命活动。不久，中共云南省工委派共产党员蒋智仁、王霖、赵国华和“新联”成员傅国栋等人到蒙化中学任教，以教学为掩护开展地下斗争。他们重点在三十四、三十五、三十七、三十八班学生中组织秘密读书会，座谈时事，传播进步思想，向师生揭露国民党反动派发动内战的罪行，宣传共产党的政治主张，吸收有觉悟的积极分子参加党的外围组织。在教学上，他们继续改革教学内容，选取旧教材中民主性、进步性、科学性的精华，摒弃封建、反动的糟粕，增加一些革命的新篇目。在公民课中，批判了“四维”“八德”等封建思想，通过讲革命故事，帮助学生树立革命的人生观和世界观。同时，他们还创办了《蒙化通讯》，抨击地方时弊，宣传党的主张，传播革命思想。党组织还以蒙化中学为据点，在校外积极发展进步势力，根据有理、有利、有节的原则，组织开展合法的斗争。1946 年 8 月，党组织决定利用李兆升的家庭及社会关系，让他打入国民党县党部任宣传干事，这样便在反动派的核心机关安上了地下党的耳目，为了解掌握国民党反动派的动向，进一步顺利地开展武装斗争创造了条件。

在党组织的领导下，蒙化中学的一些教师在斗争中逐渐成长和成熟起来，成为党组织的吸收对象和重要补充力量。1946 年 9 月，校长张瑄光荣加入中国共产党，正式成为党组织中的一员。1946 年 10 月，因革命斗争的需要，中共云南省工委将蒋智仁、傅国栋调离蒙化，党组织交由王霖负责。1947 年 4 月，由于叛徒出卖，王霖和寇慎的身份暴露受到通缉，二人秘密离蒙赴昆。王霖、寇慎离开蒙化中学后，党组织由张瑄负责，张瑄直接同省工委书记郑伯克联系。7月，张瑄请示郑伯克同意后，离开蒙中到云南大学复学。徐君实、姚元基等一部分进步教师和10余名蒙中毕业生也随同赴昆。

共产党员离开蒙中后，蒙中又落入国民党的控制。在昆读书的张瑄等地下党员和进步人士，决定回来重建这一红色据点。1948年11月，中共蒙化小组成立。党小组成立后，在组长张瑄的领导下，开始实施“完全控制蒙化中学”的计划，通过争取上级党组织和社会进步力量的支持，于1949年2月重新由党组织控制了蒙化中学的领导权。党组织再次控制蒙化中学后，在开展好正常教学工作的同时，秘密组建“六三”“醒狮”“燎原”“五九”等读书会，组织学生阅读革命进步书籍，传播革命思想，启发学生的革命意志和斗争精神，为革命培养进步青年。同时，继续以蒙中为中心，辐射城镇、机关、农村，依靠知识分子、进步青年和进步人士，秘密开展革命活动，使党组织的影响在蒙化日益广泛和深入。党组织在蒙化中学的地下活动，一直坚持到蒙化解放前夕。

（四）美丽乡村

1. 中国历史文化名村东莲花村

东莲花村位于巍山县东北部，有“红河源头第一镇”美称的永建镇的坝子中央。东莲花村是回族自然村，是巍山县回族传统文化最为丰富，民风最为古朴，民俗最为多姿多彩，传统文化底蕴最为淳厚的穆斯林社区之一。整个村庄东西向略长，村内道路盘丝错结，村庄附近还有博南古道上始建于明朝万历年间的重要桥梁——永济桥，保留有清代昭忠祠，杜文秀起义遗址——演武场、大东门、万人冢等文物保护单位。

东莲花村始建于明代初叶，至今有600多年的历史，由元代云南省平章政事——赛典赤·赡

国家级历史文化名村东莲

思丁之子马德宗分支繁衍生息发展而成。清朝前期，蒙化府较明朝有更明显的发展。元宪宗三年（1253 年）忽必烈、兀良合台率蒙古军和西域回回亲军十万人入蒙化，驻防军事重地大围埂、小围埂、回辉登三个地方，并下令“探马赤军，随处入社，与编氏等”。于是元朝形成大、小围埂、回辉登三个村寨。

目前全村共有古民居 28 座，村内现存清代建筑 10064 平方米，民国时期建筑 17966 平方米，其主体建筑群占地 5.5 公顷，也是该村主要的核心保护区。村内清真寺宏伟、角楼林立、院落轩敞、重门深院、相互连通，土木瓦与砖石“洋门楼”有机结合风貌独特，在村中自成体系。在规划布局时，充分考虑了采光、隔热、排水、防御、交通、人文等功能，特别是防御功能非常明显，既有一呼百应的清真寺，又有互为犄角的角楼，遥相呼应，户户相通，单门独院还有枪眼，形成一个完备的防御体系。有的建筑艺术采取“三坊一照壁”“四合五天井”“六合同春”“走马串角”等独特的风格。门、窗、户、壁、顶都雕龙画凤，木工雕刻技艺精湛，照壁壁画精美，水脚石精雕细刻，古井古花台制作精妙绝伦，建筑的每个角落都展现不同的艺术魅力，处处体现了传统的伊斯兰文化与其他各民族文化的和谐相融。

东莲花村因其历史悠久，民族风情浓郁，民风淳朴，古建筑保存完好，马帮文化突出，2008年10月被国家住房和城乡建设部、国家文物局公布为中国历史文化名村。

2. 南诏古村琢木郎

琢木郎村是一个彝族聚居的千年古村，位于巍山县大仓镇东部山区。

巍山东山琢木郎一带的彝族，当地称“东山颇”

琢木郎村

或“腊罗颇”，又称“米舍巴”，即“蒙舍人”，与南诏蒙舍王室后裔有密切联系。东山不少老人说，他们的祖辈是从城里搬来的，琢木郎村的彝族对传统文化习俗保留得较为完整。这个说法与琢木郎村村民华丽的南诏贵族服饰以及该村明代以来保存完好的古墓群规模和文字记载共同印证了琢木郎村的彝族是南诏王族后裔这一事实。

大仓镇琢木郎村彝族民俗文化具有鲜明的地域特色，与当地彝族的宗教信仰、生产生活、民风民俗及重大社会活动紧密相连，渗透到当地人民生活中，并在历史发展中形成了自己固有的文化特征。

每年农历二月初八是巍山彝族人民的年节，节日隆重而热烈。各村寨都要举行活动，其中“札大路”“祭密枯”是共同的活动。传说过去巍山彝族村寨中有位心地善良、乐于助人的老人，名叫密枯，住在离寨子一里外的窝棚里。某一年二月初八的中午，青壮劳力都下地干活去了，寨子里只剩下一些妇女儿童和老人，密枯突然发现两只饿虎向寨子里扑来，老人、孩子危在旦夕。在千钧一发之际，密枯老人不顾自身的危险，口中一边大喊“孩子们快跑！”一边用随身带着的砍刀将路边的树枝、刺芭砍倒堆在路上札封大路，拖延老虎进寨，在精疲力竭时，毫不犹豫地迎着老虎站在大青树下，将饿虎引向自己。人们从四面八方赶来，老虎被射杀死了，村里的人得救了，但密枯老人却倒在血泊中。人们怀着沉痛的心情将密枯老人的尸骨葬在大青树下。此后，彝族人把大青树叫作“密枯树”，“密枯树”成为密枯老人的化身。彝族过“二月八”的习俗也就一代一代流传下来。“二月八”这天，琢木郎一带打歌后，还要“抢客人”，谁家抢到的客人多，谁家就有福气。

大仓镇琢木郎村的彝族民间音乐极具地域特色。琢木郎村彝族打歌非常讲究规矩，具有浓郁的地域特色；民歌演唱形式多样，涉及内容较广，风格色彩独特；民间乐器种类繁多、异彩纷呈。在琢木郎村，彝族民间音乐舞蹈得到了较好的保护与传承，它们承载着千年彝族历史文化。

3. 明清古村利客村

利客村位于巍山坝子西端，坝子和山地交界

处，东有阳瓜江，西面靠山。利客村皆为郑姓，民族主要为汉族。民居群背靠青山，前面临箐，布局井然有序。古民居建筑群依山势递升，分上、中、下三排。共36院，上、中排约13院，颇有营寨之感。显然当初规划建设村落时经过了精心设计和布局。

利客村院落布局或三坊一照壁或四合五天井，细致精巧，工艺精湛，照壁及门窗多有壁画和书法，散发出浓厚的书卷气息。原数户大门门额上曾悬有古匾，现仅存一块清道光二十七年的“盛世耆英”匾。整个古民居群整体风貌保存完好，格局完整，建筑工艺精湛。

利客村民居群由郑氏第九代郑国珍于清嘉庆年间开始修建，随着人口增加，至民国成今日之规模。由郑辉祖、郑学祖、郑氏祠堂土主庙

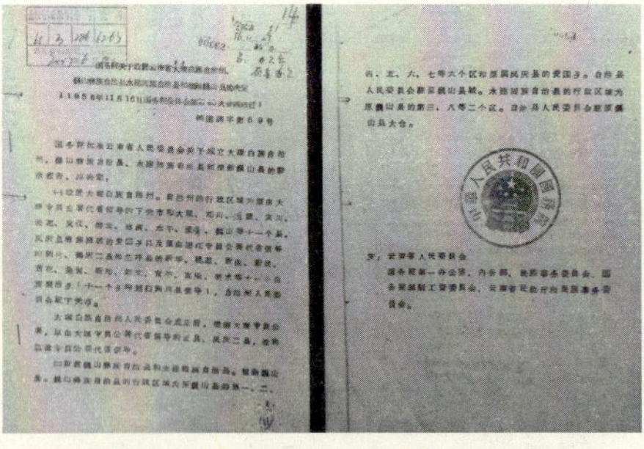

国务院关于成立巍山彝族自治县和永建回族自治县的批复

石刻造像及民居建筑36院组成。东南西北各建一道栅门，所有民居既为一个整体又各自独立。古民居建筑群中每一个建筑单元的雕刻、绘画和装饰的图案和纹饰极其精美，内容丰富，包含着较为深厚的文化内涵。与民居群相对的小山包上，建有郑氏宗祠堂和土主庙，郑氏宗祠保存了清代所制的祖宗牌位三个，土主庙现存明代观音老祖和土主石像各一尊。村中的古民居建筑群已分别于2011年和2012年申报为省级文物保护单位和传统村落保护项目。

五、现代风貌

（一）自治县成立

新中国成立后，中共云南省委和省人民政府在巍山成立中国共产党蒙化区地方工作委员会（简称蒙化地工委）和滇西人民行政专员公署蒙化区办事处（简称蒙化专办处），辖蒙化、顺宁、云县、缅宁、景东等县。同年4月，和大理合并成立中共大理地委和大理专员公署，治所在大理1950年1月10日，蒙化县人民政府成立。1954年6月，报中央内务部批准，蒙化县改为巍山县。1956年11月上旬，国务院全体会议第四十次会议批准，在原巍山县中部、南部有19万多人，彝族聚居的6个区、73个乡建立巍山彝族自治县；在原巍山县北部有5万多人口（其中回族人口占20%以上），回族聚居的2个区、19个乡建立永建回族自治县。1956年11月9日，巍山彝族自治县在巍山县城召开首届人民代表大会第一次会议。1958 年两县合并。后将巍山彝族自治县首届人民代表大会第一次会议召开之日定为县庆纪念日。

（二）改革开放

中共十一届三中全会以来，在改革开放和以经济建设为中心政策指引下，历届中共巍山县委、县人民政府团结和带领全县各族人民，坚持党的基本路线和民族区域自治制度，团结奋斗，奋力拼搏，攻坚克难，取得了经济社会各项事业发展的巨大成就。综合实力大幅提升、基础设施不断完善、支柱产业巩固发展、民生建设全面加强、法治建设得到强化、党建工作成效明显，各族人民生活水平明显提高，城乡社会面貌发生了巨大变化。全县上下呈现出政治稳定、经济发展、民族团结、社会进步的良好局面，一个富裕美丽、幸福和谐、充满活力的巍山正展现在世人面前。

改革开放前，巍山闭塞、落后。1978 年，全县工农业生产总值仅 2986.86 万元，各项税收 169.8 万元，粮食总产量 4.38 万吨，农业总产值 2278.13 万元，工业总产值 708.73 万元，全县银行存款 448 万元，贷款 1116.5 万元。农业生产以种植水稻、苞谷等粮食作物为主；畜牧业普遍以一家一户畜养猪、牛、羊等牲畜为主；工业仅有中药、糕点、酱油、印刷、水泥等少数种类；巍山到下关道路路面较差、车辆班次较少，到邻县和各个山区乡的道路晴通雨阻，县城内交通秩序也较为混乱；林业生态破坏严重，水利条件十分脆弱；科技教育落后，卫生条件较差，文化体育设施简陋。

改革开放以来，中共巍山县委、县人民政府始终沿着中共十一届三中全会确定的党的基本路线坚定前行，坚持以经济建设为中心，立足县情，深化改革，扩大开放，实现了巍山经济社会的一次次跨越发展。

南诏镇文献新区

改革开放以来，随着农村土地承包责任制的实施、经济结构和产业机构的调整以及经济体制的变革，巍山经济发展步伐不断加快，综合经济实力显著增强。特别是“十五”计划实施以来，巍山县抢抓机遇、破解难题，精心培植烤烟、工业、旅游业、畜牧业和林果业等支柱产业，大力培训新的增长点；三大产业内部结构不断优化，农业基础不断夯实，工业发展亮点突出，第三产业势头良好，形成了第一产业稳步发展，第二产业高速发展，第三产业蓬勃发展的良好局面，经济总量不断扩大，综合实力显著增强。

改革开放以来，巍山始终坚持筑牢基础的发展思路，抓住西部大开发、扶贫开发和各级党委政府对边疆少数民族地区的扶持机遇，千方百计制定方案、筹划项目、加大投入，人民生活水平不断提高。关巍公路、巍南公路等高等级公路的建成，县乡公路和村级公路的不断完善，形成了四通八达的交通运输网；电力事业快速发展，通电覆盖面不断扩大，供电量显著增加，网络通信事业突飞猛进；以养老、失业、医疗保险为主要内容的社会保障体系建设稳步推进，城乡居民收入大幅增加，彩电、冰箱、洗衣机、家用电脑、汽车等商品逐步走入寻常百姓家；形成了学前教育、职业教育、成人教育、学历教育、远程教育等多层次的教育网络，教育事业成就辉煌；文化市场日益繁荣，群众性文化艺术活动日益丰富，历史文化传承日益增强，文化事业蒸蒸日上，科技、卫生、体育等事业持续发展。

改革开放近40年来，中共巍山县委、县人民政府带领全县各族人民昂首阔步，奋力拼搏，在前进的道路上留下了不可磨灭的足迹，在历史的简册中书写了辉煌的篇章。

（三）全面奔小康

党的十八大提出：确保到2020年实现全面建成小康社会的宏伟目标。从2016年开始直至2020年，巍山县将逐步进入同全国全省全州同步建成小康社会的冲刺期、经济转型升级的关键期、全面深化改革和扩大开放的机遇期。巍山县迎来了前所未有的发展契机，也面临着前所未有的挑战。未来五年内，巍山县将秉持“创新、协调、绿色、开放、共享”的发展理念，遵循“创新引领、生态优先、基础强县、产业富县、文化立县、科教兴县、依法治县、改革活县”的基本思路，认真落实党中央治国理政新理念新战略，敢作敢为，以跨越发展为主题，以脱贫攻坚为引领，以项目和产业为抓手，以改善民生为立足点，统筹推进政治、经济、文化、社会、生态文明和党的建设，闯出一条符合巍山实际和时代要求的跨越式发展新路子，努力把巍山建设成全国一流的民族团结进步示范县、全国民族自治县生态文明建设排头兵、国际知名的休闲度假旅游目的地，奋力开创富裕巍山、美丽巍山、幸福巍山、和谐巍山、活力巍山新局面。

把创新驱动发展战略放在巍山发展全局的核心位置，让创新在全社会蔚然成风，把重点放

民族团结携手走向明天

在培植产业和加强基础设施建设上，推进旅游业加速发展、推进新型工业化进程、推进高原特色现代农业发展、推进现代服务业发展、推进“五网”建设，落实创新发展理念，全面推进富裕巍山建设。

把生态建设摆在更加突出的位置，认真落实国家和省州主体功能区规划、加大生态保护投入力度，积极推进生态文明建设；大力发展低碳循环经济、促进产业结构的调整和优化、提升绿色经济的比重，大力实施城乡绿化工程、加大水源地保护力度、有效保护森林资源；以保护生态文化为基础，注重优化土地利用结构和布局，注重

巍山县城航拍

保护乡土建筑和历史人物景观，加强传统村落保护，推进美丽乡村建设。

坚持把增进人民福祉作为根本出发点和落脚点，全力打赢脱贫攻坚战、巩固提升民族团结进步示范县创建成果、加快发展社会事业、加快城乡统筹发展，让全县人民共享发展成果，力争实现与全国全省全州同步全面建成小康社会的伟大目标。

进一步开创对外开放新局面，着力推进供给侧结构性改革、加快推动以全面深化农村改革为重点的各项工作落实，突出优势产业、完善优惠政策、认真策划论证重大产业招商项目，进一步扩大对外开放，创新投融资管理体制，优化企业投资环境，建成特色鲜明、活力奔放的民族自治县。

在各级各部门的关心支持下，在县委、县人民政府的正确领导下，全县各族人民团结一心，拼搏奋进，巍山必将以富裕美丽幸福和谐活力的崭新姿态奔向小康，续写下一个辉煌篇章。

参考书目

［1］王钟翰主编．中国民族史·南诏［M］．武汉大学出版社，2012年．

［2］向达著．唐代长安与西域文明［M］．重庆出版社，2009年．

［3］巍山县志编撰委员会编．巍山彝族回族自治县县志［M］.1993年．

［4］巍山县彝学会编印（简字版）．南诏野史［M］．2012年．

［5］巍山县政协编．巍山非物质文化遗产［M］．云南美术出版社，2012年．

［6］巍山县志办编．蒙化志稿［M］．德宏民族出版社，1996年．

［7］巍山县志办编．巍宝山志［M］．云南人民出版社，1989年．

［8］巍山县民宗局编．巍山彝族回族自治县